JN046329

もくじと学しゅうのきろく

		学しゅう日	学しゅう日	とくてん
★ ことばの がくしゅう				
1　ことばあつめ	2	標準クラス　／	ハイクラス　／	てん
2　ことばの　かきかた・よみかた	6	標準クラス　／	ハイクラス　／	てん
3　ことばや　文の　つなぎかた	10	標準クラス　／	ハイクラス　／	てん
4　ことばや　きごうの　つかいかた	14	標準クラス　／	ハイクラス　／	てん
チャレンジテスト ①	18		／	てん
★ ものがたり ①				
5　おはなしの　だいたいを　つかむ	20	標準クラス　／	ハイクラス　／	てん
6　ようすを　そうぞうする	24	標準クラス　／	ハイクラス　／	てん
7　きもちを　そうぞうする	28	標準クラス　／	ハイクラス　／	てん
チャレンジテスト ②	32		／	てん
★ ものがたり ②				
8　ないようを　かんがえる	34	標準クラス　／	ハイクラス　／	てん
9　だいじな　ことを　よみとる	38	標準クラス　／	ハイクラス　／	てん
チャレンジテスト ③	42		／	てん
★ せつめい文				
10　じゅんじょに　きを　つける	44	標準クラス　／	ハイクラス　／	てん
11　まとまりごとに　よみとる	48	標準クラス　／	ハイクラス　／	てん
12　つづきかたに　きを　つける	52	標準クラス　／	ハイクラス　／	てん
13　だいじな　ことを　よみとる	56	標準クラス　／	ハイクラス　／	てん
チャレンジテスト ④	60		／	てん
★ し				
14　ようすを　そうぞうする	62	標準クラス　／	ハイクラス　／	てん
15　ことばを　たのしむ　し	66	標準クラス　／	ハイクラス　／	てん
16　リズムを　かんじる	70	標準クラス　／	ハイクラス　／	てん
チャレンジテスト ⑤	74		／	てん
★ いろいろな　文しょう				
17　に っ き	76	標準クラス　／	ハイクラス　／	てん
18　手 が み	80	標準クラス　／	ハイクラス　／	てん
19　せ い か つ 文	84	標準クラス　／	ハイクラス　／	てん
20　はなしあいの　文	88	標準クラス　／	ハイクラス　／	てん
チャレンジテスト ⑥	92		／	てん
★ 文しょうを かく				
21　手がみを　かく	94	標準クラス　／	ハイクラス　／	てん
22　じぶんの　ことを　しょうかいする	96	標準クラス　／	ハイクラス　／	てん
23　みちじゅんを　せつめいする	98	標準クラス　／	ハイクラス　／	てん
チャレンジテスト ⑦	100		／	てん
そうしあげテスト	102		／	てん

本書に関する最新情報は、小社ホームページにある**本書の「サポート情報」**をご覧ください。（開設していない場合もございます。）

なお、この本の内容についての責任は小社にあり、内容に関するご質問は直接小社におよせください。

1 ことばあつめ

標準クラス

1 なかまはずれの ことばを ○で かこみましょう。

(1) みかん・りんご・たい・もも

(2) りす・さる・うま・すずめ

(3) くつ・ぞうり・かさ・げた

(4) きく・すみれ・ゆり・とまと

(5) あし・て・みみ・くつした

2 さかなの なまえを かきましょう。

（　　　　）（　　　　）（　　　　）

3 つぎの なかで、「て」と なかよしの ことばを ○で かこみましょう。

もつ	ける	なげる	たかい
にぎる	はしる	つかむ	とぶ

4 つぎの なかで、ものの なまえを ○で かこみましょう。

あひる	あさい	きりん
とまる	えんぴつ	さくらんぼ
なく	つくえ	とおい

5 つぎの かたかなの あかいろの ところは なんばんめに かく ところですか。○に すうじを かきましょう。

(1) ネ ○

(2) サ ○

(3) ホ ○

(4) タ ○

こたえ▼べっさつ1ページ

6 つぎの　ことばを　かたかなで　かき
ましょう。

くれよん→（　　）
とらっく→（　　）
ぺ　え　じ→（　　）
ら　じ　お→（　　）
おるがん→（　　）

7 つぎの　ことばの　なかで、かたかなで
かく　ものに　○を　つけましょう。

(1)（　）とんねる　(2)（　）おちゃ
(3)（　）おうとばい　(4)（　）やさい
(5)（　）らんどせる　(6)（　）くるま
(7)（　）でんしゃ　(8)（　）ぷうる
(9)（　）てれび　(10)（　）ぼうし

8 つぎの　文《ぶん》の　なかから　かたかなで
かく　ことばを　みつけて、みぎがわ
に　ただしく　かきましょう。

(1) ぼくは　ぼおるを　なげました。
(2) ねえさんが　ぴあのの　けいこを
して　います。
(3) こいぬが、わんわんと　なきました。
(4) どうぶつえんに　おおきな　らいお
んが　いました。

9 かたかなで　かく　よその　くにの
なまえを　ふたつ　かきましょう。

（　　）
（　　）

1 ことばあつめ

ハイクラス

こたえ▶べっさつ1ページ

じかん 20ぷん
ごうかく 75てん
とくてん てん

1 つぎの てほんに ならって、ことばを あつめましょう。（26てん／一《ひと》つ2てん）

(1) いちじで ひとつの ことば
〈てほん〉め
（　）（　）（　）

(2) にじで ひとつの ことば
〈てほん〉やま
（　）（　）（　）

(3) さんじで ひとつの ことば
〈てほん〉みかん
（　）（　）（　）

(4) よじで ひとつの ことば
〈てほん〉だいこん
（　）（　）（　）

2 つぎの ことばの はんたいの ことばを かきましょう。（12てん／一つ2てん）

たかい↕（　）　うえ↕（　）
み　ぎ↕（　）　なく↕（　）
つよい↕（　）　まえ↕（　）

3 つぎの ことばは、どこが にて いますか。○を つけましょう。（4てん）

かんかん　ぱたぱた　どんどん
さらさら　ひらひら　ころころ

（　）ア にごった ことばで ある。
（　）イ ものおとの ことばで ある。
（　）ウ おなじ いいかたが かさなって いる ことばで ある。

4

つぎの（　）の なかに、あとの かたかなの ことばを いれましょう。（20てん／一つ5てん）

(1) まどを（　　　　）と あけました。

(2) おやつに（　　　　）を たべました。

(3) （　　　　）の はなが さきました。

(4) （　　　　）の どうわを よみました。

バナナ　イソップ　ガラガラ　チューリップ

5

つぎの 上《うえ》と 下《した》の ことばを ――で むすびましょう。（10てん／一つ2てん）

ラッパ　・	・ごろごろ
ゴロゴロ　・	・らっぱ
クリーニング・	・えぷろん
ビスケット　・	・くりいにんぐ
エプロン　・	・びすけっと

6

つぎの ことばを かたかなで かきましょう。（28てん／一つ4てん）

(1) ぴっちゃあ ↓（　　　　）

(2) ぐろおぶ ↓（　　　　）

(3) へりこぷたあ ↓（　　　　）

(4) じゅうす ↓（　　　　）

(5) あいすくりいむ ↓（　　　　）

(6) とらくたあ ↓（　　　　）

(7) ひやしんす ↓（　　　　）

2 ことばの かきかた・よみかた

標準クラス

1 えを みて、□に あうように ことばを かきましょう。

(1) □□□

(2) □□□□

(3) □□□

(4) □□□

(5) □□□

2 えを みて、□に あうように ことばを かきましょう。

(1) □□□□

(2) □□□□□□□□

(3) □□□□

(4) □□□□□

3 ちいさな じの つく ことばを かきましょう。

(　　　　)
(　　　　)
(　　　　)
(　　　　)

こたえ▼べっさつ2ページ

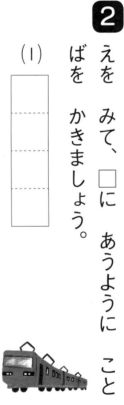

4

つぎの　文《ぶん》の　⌒⌒の　なかで、ただしい　ほうを　○で　かこみましょう。

(1) ぼく｛は　わ｝　いちねんせいです。

(2) あにと　がっこう｛へ　え｝　いきます。

(3) としょしつで　ほん｛お　を｝　よみます。

(4) に｛は　わ｝とり｛は　わ｝　たまご｛お　を｝　うみます。

(5) これ｛わ　は｝　ほんです。

(6) あさ　は｛お　を｝　みがきます。

5

つぎの　文の　□に、「は」「へ」「を」の　どれかを　かきましょう。

(1) うち□　かえる　とき、ぼく□　はな□　みました。

(2) まさおさん□、こうえん□　なわとび□　しに　いきました。

(3) みんなで　かみの　ふね□　つくりました。

(4) おはなし□　ききましょう。

(5) くじら□　さかなで□　ありません。

(6) たわし□　つかって　おなべ□　あらいます。

(7) へや□　はいりましょう。

2 ことばの かき かた・よみかた

ハイクラス

1 つぎの □に あう じを いれて、よい 文《ぶん》に しましょう。（20てん／一《いち》もん4てん）

(1) けさの ごはんは、パンと ぎ□うに□うだ。

(2) あとから あとから ぎ□うれつが つづきます。

(3) じ□んじ□ よく ならびまし□う。

(4) じ□がいもを にて ください。

(5) かぜが、び□うび□う ふいて いる。

2 つぎの ○に、ちいさい じを かき ましょう。（9てん／一もん3てん）

(1) ち○っと い○て くる。

(2) ボールを ぎゅ○と にぎった。

(3) し○っぽ○ぽと きし○が いく。

3 つぎの ○に、ちいさい じを かき ましょう。（15てん／一もん3てん）

(1) ちずで、ノルウ○ーと いう くにを さがした。

(2) ねこが ニ○ーオと ないた。

(3) ラジオの ニ○ースを きく。

(4) みずを コ○プに いれます。

(5) キ○○チボールを する。

じかん	20ぷん
ごうかく	80てん
とくてん	てん

こたえ→べっさつ2ページ

4 つぎの　文で、まちがって　いる　じに　×を　つけて、よこに　ただしいじを　かきましょう。（24てん／一もん4てん）

(1) わたしわ、でんしゃで　がっこうえいきました。

(2) ぼうやが、をかしお　たべて　いる。

(3) にじお　みに、のはらえ　いった。

(4) わたしわ、あかちゃんの　おもりおしました。

(5) どようびに　えんそくえ　いき、つつじの　はなお　みました。

(6) おとうさんの　はなしわ　ゆかいだ。

---

5 つぎの　文で、ただしい　ものには　○を、まちがいの　ものには　×をつけましょう。（32てん／一《ひと》つ4てん）

(1)（　）さるは、はたお　ふりました。

(2)（　）わたしわ　くつを　はきました。

(3)（　）さるが　きを　はこびました。

(4)（　）ぼくは、かけっこお　しました。

(5)（　）ぞうわ　はなで　みずお　そらえ　ふきあげました。

(6)（　）ぼくは　バスで、うみへ　いきました。

(7)（　）にいさんに　てお　つないでもらいました。

(8)（　）にわは、はなで　いっぱいです。

3 ことばや 文《ぶん》の つなぎかた

標準クラス

こたえ▼べっさつ2ページ

1 つぎの 上《うえ》と 下《した》の ことばを ―― で むすびましょう。

ながい・	・うみ
はやい・	・山《やま》
ふかい・	・いわ
たかい・	・くび
かたい・	・車《くるま》

2 つぎの □ の ことばを くみあわせて、いみの ある ことばを 三《みっ》つ つくりましょう。（おなじ ことばは 一《いっ》かいしか つかえません。）

山　本《ほん》　手《て》　はこ　ふくろ　みち

（　　　）（　　　）（　　　）

3 つぎの 上と 下の 文を ―― で むすびましょう。

(1) べんきょうが すんだ。・	・ほしを 見《み》つけた。
(2) くらく なった。・	・ほっと した。
(3) おなかが へった。・	・けがを した。
(4) つまづいて ころんだ。・	・ごはんが たべたい。

4 つぎの □の 中《なか》に、あとの ことばを 入《い》れましょう。

(1) 雨《あめ》が □ ふりました。

(2) □ 花《はな》が さきました。

(3) みんなが、□ くらした。

うつくしい　ザーザー　たのしく

5 つぎの 文の かざりことばの よこに、——を ひきましょう。

(1) 青《あお》い うみが、見えます。

(2) 小《ちい》さい 犬《いぬ》が います。

(3) でん車《しゃ》が、ながい トンネルを 出《で》ました。

(4) ねこが、大《おお》きな のびを しました。

---

6 つぎの 文の こ、そ、あ、どことばの よこに、——を ひきましょう。

(1) あなたに これを あげましょう。

(2) そこへ、いぬが やって きました。

(3) どれを さしあげましょうか。

(4) みなさん、あれは さくらの 花です。

7 「この」「あの」を、□の 中に あうように 入れましょう。（一かいしか つかえません。）

(1) いま きて いる □ ふく、さっき かって もらったのよ。

(2) 上から 三《さん》だんめの □ 本を とって ください。

3 ことばや 文《ぶん》の つなぎかた

ハイクラス

じかん 20ぷん
ごうかく 80てん
とくてん てん

こたえ▼べっさつ3ページ

1 「ここ」「そこ」「あそこ」「どこ」を、□の 中《なか》に あうように 入《い》れましょう。（一《いっ》かいしか つかえません。）（12てん／一《ひと》つ3てん）

(1) □に あった 手《て》ぶくろは、□に いったのかしら。

(2) あなたが さがして いた おみせは、すぐ □ですよ。

(3) ほら、□を 見《み》て ごらん。おしろが 見えるでしょう。

2 つぎの 文の こそあどことばの せつめいと して 正《ただ》しい ほうに ○を つけましょう。（10てん／一つ5てん）

(1) 学校《がっこう》は、ここから とおい。
（　）ものや 人《ひと》を さして いる。
（　）ばしょを さして いる。

(2) こっちへ こないと あぶないよ。
（　）ほうこうを さして いる。
（　）ものや 人を さして いる。

3 つぎの ～～の ことばは、どの ことばを くわしく せつめいして いますか。――を ひきましょう。（18てん／一つ6てん）

(1) やがて 大《おお》きな 森《もり》が 見えます。

(2) ずいぶん ひどい 人たちだなあ。

(3) みんな しずかに 見ましょう。

4 つぎの 文の つなぎことばの よこに、——を ひきましょう。（20てん／一つ4てん）

(1) ボタンを おした。すると、ドアが あいた。

(2) でんわ、または、メールを してね。

(3) あさねぼうした。しかし、じかんに まにあった。

(4) かぜが ふき、そして、はが おちた。

(5) さて、そろそろ おひるに しよう。

5 つぎの 文の かざりことばの よこに、——を ひきましょう。（20てん／一つ4てん）

(1) でんとうが ぱっと ついた。

(2) ゆきが ちらちらと ふる。

(3) 雨《あめ》が すっかり やみました。

(4) かぜに ふかれて 木《こ》のはが ひらひらと ちりはじめた。

(5) とを ドンドンと たたきました。

6 つぎの（　）の 中に、あとの つなぎことばを 入れましょう。（一かいしか つかえません。）（20てん／一つ4てん）

(1) ねこが すきだ。（　　）、かわいい からだ。

(2) 雨が ふって きた。（　　）、はやく かえろう。

(3) 水《みず》が のみたい。（　　）、水《すい》とうは からっぽだ。

(4) 本《ほん》を あけて。（　　）、よみましょう。

(5) のどが いたい。（　　）、ねつも ある。

では　だから　また　でも　なぜなら

4 ことばや　きごうの　つかいかた

標準クラス

こたえ▼べっさつ3ページ

1 つぎの　文《ぶん》で、ていねいな　いいかたの　ほうに、○を　つけましょう。

(1)
(　)ア　ねこと　あそぶ。
(　)イ　ねこと　あそんで　います。

(2)
(　)ア　これは　ちゃわんです。
(　)イ　これは　ちゃわんだ。

2 どこに　。(まる)を　つけたら　いいですか。二《ふた》つ　つけましょう。

ぶらんこに　のって　いました　すると、みつおさんが　きました

3 つぎの　文の　中《なか》で、「　」を　つける　ところが　一《ひと》つずつ　あります。「　」を　かき入《い》れましょう。

(1) たけちゃんが、ぼうで、ぱっしんと、うめの　花《はな》を　たたきました。
ああ。これ　これ。
と　てるちゃんの　おばあさんが　びっくりして　とめに　きました。

(2) さかなたちは、みんな　石《いし》の　下《した》に　かくれて　いました。
おや。なんだろう。
と　いって　よく　見《み》ると、おいしそうな　赤《あか》い　みみずが　上《うえ》から　おちて　きました。

4

つぎの（　）の 中に、あとの ことばを 入れましょう。（なんかいも つかえます。）

ものまねあそびを して います。

「あてて ください。」

「犬《いぬ》です（　）。」

「いいえ。」

「ねこです（　）。」

「いいえ。」

「うさぎです（　）。」

「はい、そう（　）。」

ど　です　も　か

5

どこに 、（てん）を つけたら いい ですか。一つ つけましょう。

(1) ひこうきは□いちばん□はやい□のりものです。

(2) ふねは□水《みず》の 上を□はしります。

(3) まさおさんと□まり子《こ》さんが□おきゃくさんに なりました。

(4) さあ□なんと□かいたら いいですか。

6

つぎの 文の ていねいな ことばの よこに、〰〰を ひきましょう。

「これは なにかな。」

「ちゃわんだ。」

「そうだね。」

「では つぎは なんだろう。」

「二つ いっしょに つかいます。」

「わかった。はしですか。」

「そうです。」

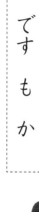

4 ことばや きごうの つかいかた

ハイクラス

じかん 20ぷん
ごうかく 80てん
とくてん てん
こたえ べっさつ4ページ

1 つぎの 文《ぶん》を ていねいな 文に なおしましょう。（12てん／一《ひと》つ6てん）

(1) ぼくは 学校《がっこう》に いく。
（　　　　）

(2) 赤《あか》ちゃんが ミルクを のんだ。
（　　　　）

2 つぎの 文で どちらか 正《ただ》しい ほうに ○を つけましょう。（12てん／一つ6てん）

(1)
（　）ア おこうちゃを おめしあがる。
（　）イ こうちゃを いただきます。

(2)
（　）ア おだいこんを おやおやで かいました。
（　）イ だいこんを やおやで かいました。

3 「いただく」の いみは、二《ふた》つ あります。つぎの 文は どちらの いみですか。（16てん／一つ8てん）

いただく
ア ものを もらう。
イ たべる。

(1) わたしは、ばんごはんを いただきました。
（　）

(2) 本《ほん》を いただきました。
（　）

4 つぎの 文に、「　」を 一つ、。を 二つ、、を 一つ つけましょう。（20てん）

いけの まわりを あるいて こようと おかあさんが いいました

5 つぎの 文しょうを よんで、あとの といに こたえましょう。（40てん／一つ10てん）

たろう「これは おじさんの うちだよ。」

よしお「よく かけて いるね。うしが いるんだね。」

［　　］「うん、やぎも いた（　　）。」

ただし「これは 川《かわ》だね。」

たろう「うん、まい日《にち》 およいだよ。」

ななみ「この 川には さかなが いる（　　）。」

［　　］「たくさん いたよ。」

(1) なにを 見《み》て、はなして いますか。よい ものに ○を つけましょう。

（　）ア しゃしん

（　）イ えいが

（　）ウ たろうさんの かいた え

(2) ［　　］に 入《はい》る、おはなしを した 人《ひと》は だれですか。名《な》まえを かきましょう。

（　　　　）

(3) （　）の 中《なか》には、つぎの どの ことばを 入《い》れたら いいですか。えらんで かき入れましょう。

と　の　や　よ

チャレンジテスト①

こたえ▼べっさつ4ページ

じかん	20ぷん
ごうかく	80てん
とくてん	てん

1 人《ひと》の いった ことばに、「 」と 。を つけましょう。（15てん／一《ひと》つ3てん）

(1) ぼくは ただいま と いいました。

(2) おかあさんが おかえりなさい と いいました。

(3) おはよう と まさおくんが いいました。

(4) いもうとは いつも うん、うん と いう へんじを します。

(5) バスが はしって いるわ と よし子《こ》さんが ゆびを さしました。

2 ○に 入《はい》る 字《じ》を □から えらんで かきましょう。（20てん／一つ4てん）

(1) 石《いし》○ つくります。

(2) 石○ はしです。

(3) 石○ なげます。

(4) 石○ あります。

(5) 石○ かたいです。

の で を は が

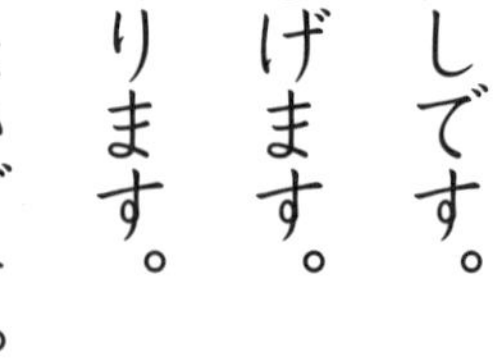

3 つぎの 文《ぶん》の かきかたの まちがいを なおしましょう。（10てん／一つ5てん）

(1) はたしわ、おとおさんお むかへに へきえ いった。

(2) にはに あさがをの 花《はな》が きでいに さいた。

4 つぎの　ことばを　かたかなに　かきなおしましょう。（20てん／一つ4てん）

(1) すかあと→（　　）
(2) すとうぶ→（　　）
(3) ばっと→（　　）
(4) じゃんぐる→（　　）
(5) ちょこれいと→（　　）

5 つぎの　アと　イは、どちらの　。の　つけかたが　よいですか。（10てん）

（　　）

ア あいりさんが、「学校《がっこう》へ　いきましょう。」と、さそって　くれました。

イ あいりさんが、「学校へ　いきましょう」。と、さそって　くれました。

6 つぎの　――の　ことばは、どの　ことばの　かざりことばに　なって　いますか。～～を　ひきましょう。（15てん／一つ5てん）

(1) ポチは　かしこい　犬《いぬ》です。
(2) 白《しろ》い　花が　さきました。
(3) かぜが　さーっと　ふいた。

7 つぎの　ことばの　中《なか》から　かざりことばを　さがして、○で　かこみましょう。（10てん／一つ5てん）

(1) 大《おお》きい・あんしん・ずいぶん・かえる
(2) かばん・やさしい・ねる・青《あお》

5 おはなしの だいたいを つかむ

標準クラス

1 つぎの 文《ぶん》しょうを よんで、あとの といに こたえましょう。

うさぎさんが いすを つくりました。

「さあ、この いす どこに おこうかな。」

うさぎさんは、いすを おおきな きのしたに おきました。

そして、「どうぞの いす」と かいたたてふだを たてました。

はなを せおった ろばさんが きました。

いすを みると、いいました。

「では、ひとやすみ。」

ろばさんは、いすに かごを おろして、ねて しまいました。


（こうやま よしこ「どうぞの いす」）

(1) うさぎさんは、いすを どこに おきましたか。

（　　　）

(2) うさぎさんは、どんな たてふだを たてましたか。

（　　　）

(3) やって きた ろばさんは、どんな ようすでしたか。

（　　　）

(4) ろばさんは、たてふだの ところに きて どう しましたか。

（　　　）

こたえ▼べっさつ5ページ

2 つぎの 文しょうを よんで、あとの といに こたえましょう。

りっちゃんは、おかあさんが びょうきなので、なにか いい ことを して あげたいと おもいました。

「かたを たたいて あげようかな。なぞなぞごっこを して あげようかな。くすぐって、わらわせて あげようかな。でも、もっと もっと いい ことは ないかしら。おかあさんが たちまち げんきに なって しまうような こと。」

りっちゃんは、いっしょうけんめい かんがえました。

（かどの えいこ「サラダで げんき」〈福音館書店《ふくいんかんしょてん》〉）

---

(1) りっちゃんは、なぜ おかあさんに いい ことを して あげたいと おもったのですか。

（　　　　）

(2) りっちゃんが かんがえた いい ことは どんな ことですか。三《みっ》つ かきましょう。

（　　　　）

（　　　　）

（　　　　）

(3) りっちゃんは、もっと いい ことを すると おかあさんが どう なると おもって いますか。

（　　　　）

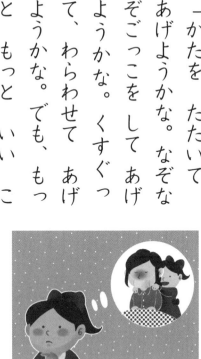

じかん 20ぷん
ごうかく 80てん
とくてん てん

こたえ▼べっさつ5ページ

1 つぎの 文《ぶん》しょうを よんで、あとの といに こたえましょう。

こんやは 十五夜《じゅうごや》さんです。山《やま》に ちかい ところに、うすい くもは あるけれど、お月《つき》さんが おがめそうです。

　てんきよほうでも、

「お月見《つきみ》が できるでしょう。」

と いって いました。

　山の むらでは、お月さんへの おそなえものを、小学生《しょうがくせい》だけが ぬすんで いい ことに なって います。

　ぬすんで いい ことに なって いるのに、ぬすみに いくと、大《おお》きな こえで、おこられる ことにも なって いました。

　それは、おじいちゃんが こどもだった ころから、ずっと つづいて いる 十五夜さんの どろぼうごっこだと いうのです。

「こどもの ときに、

ぬすっとごっこを して

いるから、この むら

には ぬすっとが い

ないんだ。」

　むらの おじいちゃんや おばあちゃん

は、ほこらしそうに はなして います。

（みやかわ ひろ「お月見の よるには」）

(1) こんや、お月見が できるのは なぜですか。（20てん）

（　　　　）

(2) ぬすんで いい ことに なって いる ものは、なんですか。（20てん）

（　　　　）

(3) ぬすんで いい ことに なって いる ものを ぬすむと、どう なりますか。（20てん）

（　　　　）

(4) 十五夜さんの どろぼうごっこは、いつから つづいて いますか。（20てん）

（　　　　）

(5) 十五夜さんの どろぼうごっこに ついて、むらの おじいちゃんや おばあちゃんは、どのように おもって いますか。（　）に あう ことばを かきましょう。（20てん／一つ《ひと》10てん）

（　　　　）の ときの この どろぼうごっこの おかげで、この むらには、（　　　　）が いないと おもって いる。

6 ようすを　そうぞうする

標準クラス

1 つぎの　文《ぶん》しょうを　よんで、あとの　といに　こたえましょう。

クーは　あそぶのが　大《だい》すきな　かわうその　子《こ》どもです。まい日《にち》　ともだちの　キックと　川《かわ》で　およいだり、草《くさ》むらを　はしったり　して　いました。

「キック、あしたは　おにごっこ　やろう。」

「うん、そうしよう、クー。」

つぎの　日《ひ》、あさ　おきると　そとは　すこし　うすぐらく、空《そら》は　くろい　くもに　おおわれて　いました。

「えー。きょうは　キックと　おにごっこする　やくそくを　して　いるのに。雨《あめ》に　なったら　いやだなあ。」

キックは　雨が　ふりだして　いないか　たしかめる　ために　なんども　そとに　出《で》て、空を　見上《みあ》げました。

(1) クーは、キックと　どんな　やくそくを　しましたか。

（　　　　　　　　）

(2) つぎの　日の　あさは、どんな　天《てん》気《き》でしたか。正《ただ》しい　ものを　○で　かこみましょう。

はれ　くもり　雨

(3) キックが　なんども　そとに　出て、そらを　見上げたのは　なぜですか。

（　　　　　　　　）

こたえ▶べっさつ6ページ

2 つぎの 文しょうを よんで、あとの といに こたえましょう。

はるに なりました。

こうちゃんは おかあさんと 花《か》だんづくりの まっさい中《ちゅう》。

ふゆの あいだ、石《いし》の すきまで ねむって いた かたつむりにも、こうちゃんの 水《みず》が かかりました。むっくり おきだした かたつむりの ひとりごとが はじまりました。

「あれあれ、雨が ふって きたのかな。あたたかく なって きたし、そろそろ おきだそうか。ぼくは、しめった 日じゃないと あそびに いけないんだ。」

「ふゆは さむくて かわいた 天気だから、ビニールのような まくで みを まもって いたけど。」

「まわりが ぬれたので、ちぢめて いた からだを ふくらませて まくを やぶり。」

「からから からだを 出《だ》すんだ。さあ、でかけよう。」


（なつめ よしかず「かたつむり」）

(1) この おはなしの きせつは、いつですか。

（　　）

(2) こうちゃんの 水が かかった かたつむりは、なにが どう したと おもいましたか。

（　　）が（　　）と おもった。

(3) かたつむりは ふゆの あいだ、どんなもので からだを まもって いましたか。

（　　）

6 ようすを そうぞうする

ハイクラス

1 つぎの 文《ぶん》しょうを よんで、あとの といに こたえましょう。

おや、どう したのでしょう。山《やま》の どうぶつたちが あつまって なにやら こまった ようすです。

いのししが びょうきに なって しまったのです。もう おいしい 木《き》の みも たべません。ああ、どう したら いいんでしょう。

「そう いえば、山の ずっと おくの ほうに びょうきの なおる 森《もり》が あるって きいた ことが ある!」

あなぐまが いいました。

「たしか おとしよりが いって いた。」

「あの まっくらな 森の こと?」

うさぎが ふるえだしました。

「あそこは ひるでも くらくて、こわい ものたちが いっぱい いるって きいたよ。」

「たべられちゃうかも しれない。」

とかげも いいます。

「でも、ほんとうに びょうきが なおるのなら……。」

「よし、そんなら みんなで いこう。山の どうぶつ みーんなで いったら くらい 森なんて こわく ないよ。」

ねずみが いうと、きつねが しっかり ひとつ うなずきました。


(むらた きよこ「もりへ ぞろぞろ」)

(1) どんな どうぶつが 出《で》て きますか。(30てん/一《ひと》つ5てん)

じかん 20ぷん
ごうかく 80てん
とくてん てん

こたえ べっさつ6ページ

（　　）と（　　）と（　　）

と（　　）と（　　）と（　　）

(2) あつまった　山の　どうぶつたちは、どんな　ようすですか。（10てん）

（　　）

(3) いのししが、おいしい　木のみも　たべなく　なったのは　なぜですか。（10てん）

（　　）

(4) あなぐまは、おとしよりから　どんな　ことを　きいて　いましたか。（10てん）

（　　）

(5) うさぎが　森を　こわがって　いる　ことが　わかる　文を　一つ　ぬきだしましょう。（10てん）

（　　）

(6) うさぎは、森を　どんな　ところだと　いって　いますか。（10てん）

（　　）

(7) 森が　こわく　ならないように、ねずみは　どう　しようと　いいましたか。（10てん）

（　　）

(8) ねずみの　ことばに　うなずいた　きつねの　きもちを、そうぞうして、かきましょう。（10てん）

（　　）

7 きもちを そうぞうする

標準クラス

1 つぎの 文《ぶん》しょうを よんで、あとの といに こたえましょう。

くまさんが、ふくろを みつけました。
「おや、なにかな。いっぱい はいって いる。」
くまさんが、ともだちの りすさんに、ききに いきました。

くまさんが、ふくろを あけました。なにも ありません。
「しまった。あなが あいて いた。」
あたたかい かぜが ふきはじめました。ながい ながい、花《はな》の いっぽんみちが できました。

（おか のぶこ「はなの みち」）

(1) くまさんは、りすさんに なにを ききに いったと おもいますか。

（　　　　）

(2) ふくろの 中《なか》が、からっぽに なって いた わけを かきましょう。

（　　　　）

(3) ながい 花の みちが できて、くまさんたちは どう おもったか そうぞうして かきましょう。

（　　　　）

こたえ▼べっさつ6ページ

2 つぎの 文しょうを よんで、あとの
といに こたえましょう。

ある 日《ひ》の こと、
おばあさんが つり糸《いと》
を たれながら、つい
うとうとして いると
――だれかが、うしろ
から こしの あたり
を、つんつん つついた。
はっと して さおを あげると、み
ごとな こいが つれて いた。
――しんせつに（　　　　）よ。
おもわず こえに 出《だ》して いいなが
ら、ふりむくと――でっかい 犬《いぬ》くらい
の けものが いて、（よかったね……）
と いった ようすで、おばあさんの
目《め》を、まっすぐ 見《み》つめて いた。
おばあさんが つって いる あいだ
じゅう、そいつは、ちゃんと よこに
いた。

（いまえ よしとも「てんぐちゃん」）

---

(1) おばあさんを つんつん つついた
「だれか」が、おばあさんに つたえ
ようと した ことを かきましょ
う。

（　　　　　　　　）

(2) （　　）に あてはまる ことばを
かんがえて かきましょう。

（　　　　　　　　）よ。

7 きもちを そうぞうする

ハイクラス

じかん 20ぷん
ごうかく 80てん
とくてん てん

こたえ▼べっさつ7ページ

1 つぎの 文《ぶん》しょうを よんで、あとの といに こたえましょう。

「しゅうへいはね、学校《がっこう》へ くると こえが 出《で》なく なるんだよ。」

「ほいくえんでも、あんまり しゃべらなかった。だまって 絵《え》ばっかり かいて いたもんね。」

「うちへ かえると、ふつうに しゃべるんだよ。」

ほいくえんが いっしょだった、やすおや まゆみが、くちぐちに いいます。

――しょうが ないだろう。もんの ところに こえどろぼうが いるんだ。すがたは 見《み》えないけど いるんだ。ぼくだけ ねらわれて いるんだ――

「しゅうへいくん、わたしと おんなじ。わたしもね、二年生《にねんせい》に なるまで、学校では おしゃべりが できなかったの。」

あいこ先生《せんせい》は、しゅうへいの あたまを ぐりぐりしながら いいました。

「ええ？」

「うそお。」

「あいこ先生が……。」

みんな びっくりして います。

しゅうへいも おどろいて、それから

ほっとして、あいこ先生を　みつめました。

（みやかわ　ひろ「きょうは　いい日《ひ》だね」）

(1) しゅうへいは、学校へ　くると　どう　なりますか。（20てん）

（　　　　）

(2) しゅうへいは、ほいくえんに　かよって　いたときは　どのようでしたか。（　）に　あうことばを　かきましょう。（20てん／一《ひと》つ10てん）

・だまって（　　　）ばかり　かいて　いた。

・うちでは　ふつうに（　　　）いた。

(3) しゅうへいは、もんの　ところに　なにが　いると　おもって　いますか。（20てん）

（　　　　）

(4) あいこ先生は、しゅうへいと　なにが　おなじだと　いって　いますか。（20てん）

（　　　　）

(5) しゅうへいは、(4)を　きいて　どう　おもったか　かきましょう。（20てん）

（　　　　）

こたえ▼べっさつ7ページ

じかん 20ぷん
ごうかく 80てん
とくてん てん

1 つぎの 文《ぶん》しょうを よんで、あとの
といに こたえましょう。

のぞきこんだ とたん、おけやは
①あし ふみはずして、まっさかさまに
おちて いったって。
いっぽう、下《した》の ②むらでは……。
いなびかりやら、かみなりやら、大水《おおみず》
やらで にげまわって いたが、どこか
で、
「ほうい。たすけてくれえ。」
と、こえが する。だれだろうと さが
して みると、おてらの 五《ご》じゅうのと
うに おけやが しがみついて、
「ほうい。」
と よんで いる。
のぼるには たかすぎるし、つなを
なげても とどかない。
「③ふろしきを あつめて こい。」
おしょうさんの さしずで、ふろしき
を つなぎあわせ、みんなが まわりか
ら ひっぱって いると、
おけやは ぽうんと と
びおりて、やっと むら
に もどって きたって。

（かわむら たかし「天《てん》に のぼった おけや」）

(1) おけやは なぜ おちて きたのです
か。(10てん)

(2) おけやは　どこに　おちて　きましたか。（10てん）

（　　　　　　　　）

(3) おけやが　おちて　きた　ころ、むらでは　どのような　ことが　おきていましたか。三《みっ》つ　かきましょう。（15てん／一《ひと》つ5てん）

（　　　　　　　　）

（　　　　　　　　）

（　　　　　　　　）

(4) おけやを　たすけるのに、なにを　つかいましたか。（15てん）

（　　　　　　　　）

(5) ③は　だれの　ことばですか。（10てん）

（　　　　　　　　）

(6) ④を　どのように　つかって　おけやを　たすけましたか。（15てん）

（　　　　　　　　）

(7) 五じゅうのとうから　とびおりる　ときの　おけやの　きもちを　そうぞうして　かきましょう。（15てん）

（　　　　　　　　）

(8) ①・②の　かん字《じ》を　かきましょう。（10てん／一つ5てん）

① □

② □

8 ないようを かんがえる

標準クラス

1 つぎの 文《ぶん》しょうを よんで、あとの といに こたえましょう。

はたけの しあげは おとうさんで す。土《つち》に ひりょうを まぜて、たっぷ りと 水《みず》を かけたら、マルチと いう ビニールを はりました。こうして し ばらく 土を あたためてから、なえを うえます。

スイカの うえどこの できあがりで す。

みんな、手《て》も 足《あし》も、かおまで どろ んこです。

「水《すい》どうは こっちですよ。」

しゅうへいの 大《おお》きな こえが、にわ の ながしへ あんないして くれまし た。

(みやかわ ひろ「きょうは いい日《ひ》だね」)

(1) はたけの しあげは だれが しま すか。

（　　　　　　）

(2) しゅうへいの 大きな こえは、 なにを して くれましたか。

（　　　　　　）

こたえ べっさつ8ページ

2 つぎの 文しょうを よんで、あとの といに こたえましょう。

みんな、学校《がっこう》の まえの かわらへ はしりました。

青《あお》みがかった 石《いし》、赤《あか》みがかった 石、ひらべったい もの、とんがった もの。さがして みると、白《しろ》くて 小《ちい》さくて まんまるな 石なんて、なかなか みつかりません。

三十分《さんじっぷん》も さがして、なんとか おだんごらしい 石を、二《ふた》つずつ みつけました。

かわらの どてから、ススキと ワレモコウ*と、おさらに する ホオノキの はっぱも もらって きました。

＊ワレモコウ＝なつから あきに 赤い 花《はな》を さかせる しょくぶつ。

（みやかわ ひろ「お月見《つきみ》の よるには」）

(1) 学校の まえの かわらで、みんなは なにを さがして いましたか。

（　　　　）

(2) (1)を みつける ために、どれくらいの じかんが かかりましたか。

（　　　　）

(3) (1)の ほかに、かわらの どてから どのような ものを もらって きましたか。

（　　　　）

（　　　　）

（　　　　）

8 ないようを かんがえる

ハイクラス

じかん 20ぷん
ごうかく 80てん
とくてん てん

こたえ べっさつ8ページ

1 つぎの 文《ぶん》しょうを よんで、あとの といに こたえましょう。

おかあさんが、くるみを さがしに いって いる あいだに みんなで なかよく おひるね……の はずなのに、はるくんと ふうちゃんは、なかなか ねむれません。

「つまらないから そとで あそぼ。」

はるくんは、こっそり そとに あそびに いく ことに しました。

「はるくん、おかあさんに だまって いっちゃ だめだよ。」

ふうちゃんが とめるのも きかず、はるくんは 出《で》て いって しまいました。


（にしむら ゆたか「よつごの こりす ふうちゃんの ぼうけん」）

(1) おかあさんが いないのは なぜですか。（15てん）

（　　　　）

(2) おはなしから わかる はるくんと ふうちゃんの せいかくを、それぞれ かきましょう。（20てん／一《ひと》つ10てん）

はるくん（　　　　）

ふうちゃん（　　　　）

2 つぎの 文しょうを よんで、あとの といに こたえましょう。

どうぶつむらに、くまの ふうせんやさんが きました。こりすは、ふうせん

を　かって　もらいました。

「もっと　かってよ。」

おかあさんは、たくさん　かって　やりました。

たいへんです。こりすが　ふわふわ　空《そら》へ　あがって　いきます。

みんなが　たすけに　きました。

ぞうは、はなを　のばしましたが、とどきません。きりんは、くびを　のばしましたが、とどきません。さるは、木《き》に　のぼりましたが、とどきません。みんなは、

「こまった。こまった。」

と　いいました。

そこへ、わしが　とんで　きて、こりすを　たすけて　くれました。


（とみた　ひろゆき「こりすと　ふうせん」）

---

(1) こりすは　だれに　ふうせんを　かって　もらったのですか。（10てん）

（　　　　）

(2) たいへんです。と　いうのは　なにが　たいへんなのですか。（15てん）

（　　　　）

(3) こりすを　たすけに　きたのは、だれですか。（20てん／一つ5てん）

（　　）（　　）

（　　）（　　）

(4) こりすを　たすけたのは　だれですか。また、なぜ　たすける　ことができたのですか。（20てん／一つ10てん）

だれ（　　　　）
なぜ（　　　　）

9 だいじな ことを よみとる

標準クラス

こたえ▼べっさつ9ページ

1 つぎの 文《ぶん》しょうを よんで、あとの
といに こたえましょう。

おとうさんは、そりを しっかり おさえて、こうすけを のせて くれました。そして たいらな ところを ゆっくりと ひきました。それでも からだを かたくして いた こうすけですが、だんだん えがおに なって きました。
「どうだ……。」
おとうさんが ききます。
「らくちん。」
こうすけが こたえました。
その ようすに ほっと して、ともやと たもつも すべり はじめました。

（みやかわ ひろ「さよならの 日《ひ》までに」）

(1) おとうさんが、こうすけの ために して くれた ことを 二《ふた》つ かきましょう。

（　　　　）

（　　　　）

(2) こうすけが、だんだん えがおに なって きた ようすを 見《み》て、ともやと たもつは どう しましたか。

（　　　　）

2 つぎの　文しょうを　よんで、あとの　といに　こたえましょう。

おじさんは、とって　も　りっぱな　かさを　もって　いました。くろくて　ほそくて、ぴかぴか　ひかった　つえのようでした。

おじさんは、出《で》かける　ときは　いつも、かさを　もって　出かけました。

すこしくらいの　雨《あめ》は、ぬれた　まま　あるきました。かさが　ぬれるからです。

もう　すこし　たくさん　雨が　ふると、雨《あま》やどりして、雨が　やむまで　まちました。かさが　ぬれるからです。

いそぐ　ときは、しっかり　だいて、はしって　いきました。かさが　ぬれるからです。

（さの　ようこ「おじさんの　かさ」）

(1) おじさんの　かさは、どのように　りっぱな　かさですか。

（　　　　）

(2) つぎのような　とき、おじさんは　どう　しましたか。

すこしの　雨の　とき

（　　　　）

(3) (2)のように　したのは　なぜですか。

（　　　　）

(4) おじさんは、かさを　どう　おもって　いるでしょうか。

（　　　　）

9 だいじな ことを よみとる

ハイクラス

じかん 20ぷん
ごうかく 80てん
とくてん てん

こたえ べっさつ9ページ

1 つぎの 文《ぶん》しょうを よんで、あとの といに こたえましょう。（100てん／一《ひと》つ20てん）

　むかし むかし、きたぐにの 森《もり》の 中《なか》の おはなしです。

　どんぐりの 木《き》たちは、あきに なると、たくさんの どんぐりを おとして いました。むかし むかしの そのまた むかしから、まいとし まいとし そうして いました。

　森の どうぶつたちが やって きて、この どんぐりを うれしそうに たべるのを、どんぐりの 木たちは これまた うれしそうに 見《み》て いました。

　どうして たべられるのが うれしいかって いうとね、こう いう わけなんです。

　どうぶつたちは、だいこうぶつの どんぐりを たくさん たべた あと……、森の あちこちの じめんに あなを ほって、どんぐりを かくします。ふゆの あいだは たべものが なくなるので、この どんぐりを ほりだして たべるのです。

　でも、どうぶつたちは よくばりで、たべる ぶんより いつも よけいに うめますから、たべのこしが 出《で》ます。はるに なると、その どんぐりが じめんから めを 出《だ》し……ぐんぐん そだって、どんぐりの こどもの 木に

なります。つまり、どうぶつたちは
どんぐりを　たくさん　たべる　かわり
に、どんぐりの　たねを　すこし　うえ
て　くれて　いたのです。じぶんでは
そうと　しらずにね。どんぐりが　たべ
られるのを、どんぐりの　木たちが　う
れしそうに　見て　いた　わけが　これ
で　わかったでしょう。

（こうや　すすむ「どんぐりかいぎ」）

(1) どんぐりの　木たちが、どんぐりを
たくさん　おとす　きせつは　いつ
ですか。

（　　　　）

(2) 森の　どうぶつたちは、どんぐりを
どんな　ようすで　たべますか。

（　　　　）たべる。

(3) 森の　どうぶつたちが　よくばりだ
と　わかるのは、どんな　ところで
すか。

（　　　　）

(4) どうぶつたちが　たべのこした
どんぐりが　めを　出す　きせつは
いつですか。

（　　　　）

(5) 森の　どうぶつたちが　どんぐりを
たべるのを、どんぐりの　木たちが
うれしそうに　見て　いるのは　な
ぜですか。

（　　　　）

チャレンジテスト③

こたえ べっさつ9ページ

じかん 20ぷん
ごうかく 80てん
とくてん　　てん

1 つぎの 文《ぶん》しょうを よんで、あとの といに こたえましょう。

むかし、ある ところに、じいと ばあが おった。

ある 日《ひ》、じいは、山《やま》へ しばかりに いったがの。

ひるに なり、木《き》に つるして おいた べんとうを ひらいて たまげた。

すずめが、べんとう たべちまって、すうすう、ねてたでのう。

「わしの ひるめし くいおって、どうして くれよう。」

と おもったけど、ねむりこけてる すずめが、あんまり かわいいで、じいは、ふところに 入《い》れて、つれて かえった。

そして、おちょんと よんで、かわいがったと。

すずめは、じいの あとを、ちょんちょんと ついて あるき、じいの あたまを つついたり、かたに のったりして あまえる。ばあは、

「ふん、なにが おちょんだ。」

って、ふくれて いたと。

ある 日の こと。じいは 山へ しばかりに、ばあは 川《かわ》へ せんたくに いった。

ばあが いえに もどると、すずめが、のりを ちゅくちゅく なめて おる。せんたくものに つけようと、にて おいた のりだもの、ばあは、おこった おこった。すずめを つかまえると、

「じいが ［　　　］ からだ。そうじゃ、この したが わるいのじゃ。こうして

くれる。」って　はさみで、したを　ちょんと　きりおとし、

「ほれ、どこへでも　いけ。」

と　ほうりだした。

すずめは、ふらふら、とんで　にげて　いったと。


（もちづき　まさこ「したきりすずめ」）

(1) べんとうを　ひらいた　じいは、なにに　おどろきましたか。（15てん）

（　　　　　　　　　　）

(2) じいが、すずめを　つれて　かえったのは　なぜですか。（15てん）

（　　　　　　　　　　）

(3) ばあは、すずめの　どんな　ようすに　ふくれたのですか。（10てん）

じいに（　　　　　　）ようす。

---

(4) □に　あてはまる　ことばを、一《ひと》つ　えらび、○を　つけましょう。（10てん）

（　）いじめる　（　）しつける

（　）なかせる　（　）あまやかす

(5) 川から　いえに　もどった　ばあは、なぜ　すずめに　おこったのですか。（15てん）

（　　　　　　　　　　）

(6) すずめに　おこった　ばあは、なにを　しましたか。（15てん）

（　　　　　　　　　　）

(7) ばあは、どんな　せいかくですか。（20てん）

（　　　　　　）な　せいかく。

10 じゅんじょに きを つける

標準クラス

1 つぎの 文《ぶん》しょうを よんで、あとの といに こたえましょう。

ほしがきを つくるには、まず、かきの かわを むきます。きかいでは なく、ひとつひとつ 手《て》で むいて いくのです。なれると、その ほうが 早《はや》いし、できあがりの かたちが きれいだからです。

つぎに、かわを むいた かきを なわで つないで いきます。

しゅる、しゅる、わらを よって なわを つくり、かきの へたに むすびます。

たくさん つくる ときは、□だけで なく、ひもも つかいます。ひもで つないだ かきを、のきの 下《した》に ほします。一《いっ》かいにも、二《に》かいにも、びっしりと ほしました。

（にしむら ゆたか「干《ほ》し柿《がき》」はぶいたり、みじかく、まとめた ところが あります。）

(1) なにを つくる じゅんばんを せつめいして いますか。

（　　　　）

(2) かきの かわを きかいでは なく、手で むくのは なぜですか。

（　　　　）

(3) □に あてはまる ことばを かきましょう。

（　　　　）

こたえ べっさつ10ページ

2 つぎの 文しょうを よんで、あとの といに こたえましょう。

ホットドッグを つくりましょう。はじめに、ウインナーを いためます。ひょうめんに こげめが つくぐらい いためましょう。

つぎに、ほそく きった キャベツを フライパンで いためます。しおと こしょうを 入《い》れるのを わすれずに。かくしあじに カレーこを 入れると いっそう おいしく なります。

さいごに、はんぶんに きった ロールパンに キャベツと ウインナーを はさみます。おこのみで ケチャップや マスタードを かけて ください。これで できあがりです。

---

(1) どんな じゅんじょで ホットドッグを つくりますか。

①はじめに、（　　　　）

②つぎに、（　　　　）

③さいごに、（　　　　）

(2) ウインナーは どのくらい いためますか。

（　　　　）

(3) キャベツを いためる ときに わすれては いけない ことは なんですか。

（　　　　）

(4) ホットドッグを いっそう おいしく するには どう すれば いいですか。

（　　　　）

10 じゅんじょに きを つける

ハイクラス

じかん 20ぷん
ごうかく 80てん
とくてん てん

こたえ べっさつ11ページ

1 つぎの 文《ぶん》しょうを よんで、あとの といに こたえましょう。

あなたは、ふうりんを つくった ことが ありますか。じつは、いえに ある もので、かんたんに ふうりんを つくる ことが できます。

まず、かみコップを じゅんびします。かみコップの そこに キリなどで あなを あけます。

つぎに、糸《いと》を じゅんびします。かみコップの あなに 糸を とおします。糸が あなを すりぬけないように、糸の りょうはしに ビーズなどを むすびつけます。

さいごに、シールや ペンを つかって、かみコップを じゆうに かざりつけます。かみコップを さかさまに して、下《した》に なる ほうの ビーズの むすび目《め》に 糸を 足《た》して たんざくや すずを つけても よいでしょう。すずを つけると 音《おと》が するように なります。

できあがった ふうりんを かべや まどぎわに かざれば かんせいです。

いちど じぶんだけの ふうりんを つくって みませんか。

(1) いえに　ある　もので、なにを　つくる　ことが　できると　かいて　ありますか。(25てん)

(　　　　)

(2) (1)を　つくる　ために　じゅんびする　ものを　二《ふた》つ　かきましょう。(20てん／一《ひと》つ10てん)

(　　　　)(　　　　)

(3) (1)は、どのような　じゅんじょで　つくりますか。(　)に　あう　ことばを　かきましょう。(25てん／一つ5てん)

①かみコップの　そこに

(　　　　)を　あける。

②かみコップの　そこに

(　　　　)を　とおす。

③(　　　　)の

(　　　　)に

ビーズなどを　むすびつける。

④かみコップを　シールや　ペンで

(　　　　)。

(4) 下に　なる　ほうの　ビーズの　むすび目に　すずを　つけると、ふうりんは　どのように　なりますか。(30てん)

(　　　　)

11 まとまりごとに よみとる

標準クラス

こたえ▼べっさつ11ページ

1 つぎの 文《ぶん》しょうを よんで、あとの といに こたえましょう。

ちきゅうの 上《うえ》の 水《みず》が ながれる みち――それが 川《かわ》です。雨《あめ》が ふります。まちにも おかにも 山《やま》にも ふります。

たかい 山に ふった 雨は 下《した》の ほうへと ながれて ゆきます。こうして 川が はじまります。

山に つもった ゆきも とけて ながれます。こおりや つららも とけて ゆきます。

いわの あいだを とおったり いわに しみこんだり しながら 下へ 下へと ながれて ゆきます。

（かこ さとし「かわは ながれる かわは はこぶ」）

---

(1) 川とは どう いう ものだと かかれて いますか。

（　　　　）みち

(2) 雨は、どのような ほうこうで ながれて いきますか。

山や おかなど（　　）の ほうから（　　）の ほうへと ながれる。

(3) 川に ながれて ゆく ものは、雨いがいに なにが ありますか。三《みっ》つ かきましょう。

（　　）（　　）（　　）

2 つぎの 文しょうを よんで、あとの といに こたえましょう。

はりねずみは とても こわがりな どうぶつです。

たとえば、にんげんが 上から 手《て》を ちかづけると 「フシュフシュ」と こえを 出《だ》し、せなかの はりを 立《た》てます。大《おお》きな てきが きたと おもい、びっくりして いるのです。

また、はりねずみの ちかくで もの音《おと》が すると、せなかの はりを 立てて ふるえます。はりねずみは 耳《みみ》が よいので、小《ちい》さな 音でも 大きく きこえて しまうのです。

(1) はりねずみは どんな せいかくの どうぶつですか。

（　　　　）

(2) にんげんが はりねずみに 手を ちかづけた ときと、はりねずみの ちかくで もの音が した とき、はりねずみは どんな こうどうを とりますか。また、その りゆうは なんですか。ひょうに まとめましょう。

	手を ちかづけた とき	もの音が した とき
こうどう		
りゆう		

11 まとまりごとに よみとる

ハイクラス

こたえ▼べっさつ11ページ

じかん 20ぷん
ごうかく 80てん
とくてん　てん

1 つぎの 文《ぶん》しょうを よんで、あとの といに こたえましょう。（30てん／一《ひと》つ10てん）

白《しろ》いから シロサイ、くろいから クロサイでは ありません！ からだの いろは その とちの どろの いろです。しっぽは そっくりだから、しっぽでは 見《み》わけられません。でも、かお（口《くち》）が ちがいます。

まえから 見て、口が たいらで ひろいのが シロサイ、とがって いるのが クロサイ。ひろいと いう いみの ワイドを ホワイトと ききまちがえて シロサイに なったらしいのです。

（こみや てるゆき「べんりな しっぽ！ふしぎな しっぽ！」）

(1) サイの からだの いろは なにで きまりますか。

（　　　　）

(2) シロサイと クロサイの ちがいが わかる からだの とくちょうを、それぞれ かきましょう。

シロサイ（　　　　）

クロサイ（　　　　）

2 つぎの 文しょうを よんで、あとの といに こたえましょう。

たいふうに にた かぜの うずまきに「たつまき」が あります。

「たつまき」は「たいふう」より うずまきの 大《おお》きさは ずっと 小《ちい》さいのですが とても はげしく とても はやく まわる かぜの うずまきです。

その　ため　おもい　かもつれっしゃを　ひっくりかえしたり、大きい　トラックを　とおくへ　ふきとばしたり　して、ものすごい　ひがいを　おこしたり　します。

「たいふう」や「たつまき」のように　かぜは　おそろしい　こまった　ことだけを　おこして　いるのでは　ありません。

かぜは　よごれた　まちの　くう気《き》を　入《い》れかえたり　たちこめた　きりを　とりのぞいたり　して　くれます。

かぜで　プロペラや　ふうしゃを　まわして　でん気を　おこしたり　水《みず》を　くみあげたり　くらしに　やくだつ　かぜが　たくさん　あるのです。

（かこ　さとし「ささやく　かぜ　うずまく　かぜ」）

(1) たつまきは　どんな　かぜですか。（15てん／一つ5てん）

うずまきは、たいふうより　ずっと（　　　）、

（　　　）が、とても（　　　）

とても（　　　）まわる　かぜ。

(2) たつまきは　どんな　ひがいを　おこしますか。（15てん）

（　　　　　　）

(3) かぜを　つかって　プロペラや　ふうしゃを　まわす　ことで、どんな　ことが　できるように　なりますか。二《ふた》つ　かきましょう。（20てん／一つ10てん）

（　　　　　　）

（　　　　　　）

(4) (3)の　れい　いがいで、かぜの　よい　はたらきを　二つ　かきましょう。（20てん／一つ10てん）

（　　　　　　）

（　　　　　　）

12 つづきかたに　きを　つける

標準クラス

1 つぎの　文《ぶん》しょうを　よんで、あとの　といに　こたえましょう。

チンパンジーや　オランウータンや　ゴリラなど、ヒトに　ちかいと　いわれる　サルの　なかまでも、ものは　つかめる。けれども、ヒトほど　おやゆびを　ほかの　ゆびと　しっかり　むきあわせる　ことは　できない。

それは、手《て》を　くらべれば、はっきりする。おやゆびの　つけねが　大《おお》きく　もり上《あ》がって　いる　ヒトの　手。この　きんにくの　かたまりが、おやゆびを　くるくる　うごかして　いるんだ。

（やまもと　しょうぞう「パンダの　手には、かくされた　ひみつが　あった！」）

(1) それとは　どのような　ことですか。

（　　　　）の　なかまでも　ものは　つかめるが、（　　　　）ほど（　　　　）を　ほかの　ゆびと　しっかり（　　　　）ことは　できない　という　こと。

こたえ▼べっさつ12ページ

(2) ヒトの おやゆびを くるくる うごかして いるのは なにですか。

（　　　　　　　　）

2 つぎの 文しょうを よんで、あとの といに こたえましょう。

パンダを、どうぶつの しゅるいで わけると、クマの なかまに 入《はい》る。ところが……、クマの まえ足《あし》、□手は、イヌや ネコと おなじように、ものを にぎるように できて いないんだ。

クマの 手は、するどい かぎづめを もつ 五本《ごほん》の ゆびが ならんで いて、うちがわに おれまがる フォークのようだ。だから おやゆびを、ほかの ゆびと むかいあわせる ことは とても できない。

（やまもと しょうぞう「パンダの 手には、かくされた ひみつが あった！」）

(1) □に あてはまる ことばを えらんで、○で かこみましょう。

しかし　つまり　ところで

(2) クマの 手を なにに たとえて いますか。また、そのような クマの 手は、どう する ことが できないのですか。

① たとえて いる もの

（　　　　　　　　）

② できない こと

（　　　　　　　　）

じかん	20ぷん
ごうかく	80てん
とくてん	てん

こたえ▼べっさつ12ページ

1 つぎの 文《ぶん》しょうを よんで、あとの といに こたえましょう。

あなたは たこを あげた ことが ありますか。たこを [あ] ことが ありますか。

たこなんか むつかしくて つくれないよと、あなたは おもって いるかもしれません。ちゃんと した りっぱなたこじゃ なくっちゃ たかく あがらないと、あなたは いうかも しれません。

ところが、木《こ》のはが かぜに ふかれて ひらひら とんで いる ことが あるでしょう。

ふいて きた かぜが 木のはに あたったので まいあがったのですね。

[い]、木のはに ずっと かぜが あたるように して おけば、いつまでも 木のはは おちないで、空《そら》に ういて いると おもいませんか。

下《した》に おちないで、ずっと 空に ういて いれば、もう、それは たこですね。

（かこ さとし「たこ」）

(1) [あ] には どんな ことばが 入《はい》りますか。（10てん）

（　　　　　　）

(2) [い] に あてはまる ことばを えらんで、◯で かこみましょう。（10てん）

なぜなら　もし　さて

(3) 木のはが どう なれば たこだと いえますか。（20てん）

（　　　　　　）

2 つぎの 文しょうを よんで、あとの といに こたえましょう。

うみは ひろく（　） 大《おお》きい。だから その うみには とても たくさんの 水《みず》が ある。

川《かわ》や みずうみに（　） 水が あるけれど、それは ほんの すこしで ちきゅうの 水は ほとんど ぜんぶ うみ（　） あつまって いる。うみは すごい ところなのだ。

うみは すごく 大きい。うみの ひろさは りくの 二《に》ばい いじょうも ある。

また りくを ならして たいらに すると 八五〇《はっぴゃくごじゅう》メートルの たかさに なるが、うみを ならすと 三七〇〇《さんぜんななひゃく》メートルの ふかさと なる。

だから りくの 土《つち》や いわを ぜんぶ つかって うめようと しても、［　あ　］。

（かこ さとし「うみは おおきい うみは すごい」）

(1) （　）に あてはまる ことばを つぎの 中《なか》から それぞれ えらんで、かき入《い》れましょう。（15てん／一《ひと》つ5てん）

［ て　に　も ］

(2) うみの ひろさは りくと くらべると どの くらいですか。（25てん）

（　　　　）

(3) ［あ］に 入る 文を えらんで、○を つけましょう。（20てん）

（　）ア ふかい うみだけに なってしまう

（　）イ うみは かんたんに うめられる

（　）ウ りくの 土や いわが のこる

13 だいじな ことを よみとる

標準クラス

こたえ▼べっさつ13ページ

1 つぎの 文《ぶん》しょうを よんで、あとの
といに こたえましょう。

　たいようが ひかりと いっしょに
出《だ》して いる ねつは ちきゅうの あ
らゆる ものを あたためます。
草《くさ》や 木《き》は たいようの ひかりと
ねつを うけて そだち、花《はな》や みを
つけます。

　こんちゅうや どうぶつは たいよう
の ひかりと ねつで げん気《き》に くら
し、草や 木のみを たべて 生《い》きて
ゆきます。ちきゅうに すんで いる
生きものは ぜんぶ、たいようの ひか
りと ねつの おかげで 生きて いる
のです。（かこ さとし「よあけ ゆうやけ にじや オーロラ」）

(1) たいようが あたためて いる も
のの れいと して あげられて い
る ものを かきましょう。

（　　）や（　　）や

（　　）や（　　）

(2) ちきゅうに すんで いる すべての
生きものは、なにに よって 生か
されて いますか。

（　　）

2 つぎの 文しょうを よんで、あとの
といに こたえましょう。

　こんちゅうは、そらを とんだり じ
めんを あるいたり、水中《すいちゅう》を およぎ

まわったり、あらゆる　ところに　生きる　生きもので、とても　みりょくが　あります。ただ、小《ちい》さい　うえに　とても　すばやく　うごきまわるので、とおくから　ながめて　いるだけでは、どんな　かたちを　して　いるのか　よく　わかりません。かれらの　くらしぶりを、はなれた　ところから　かんさつする　ことも　たいせつですが、その　まえに　まず、その　むしが　どんな　いろや　かたちを　して　いるのかを　しる　ことが　ひつようです。それには、こんちゅうたちに　せっきんし、手《て》に　とって　じっくりと　見《み》なければ　なりません。それが、こんちゅうさいしゅうです。

（いまもり　みつひこ「いまもり　みつひこの　こんちゅうきょうしつ　とりかた・みつけかた」）

(1) こんちゅうの　みりょくに　あてはまる　ものを　一《ひと》つ　えらんで　○を　つけましょう。

（　）ア　一つの　ばしょで　じっと　みを　まもって　いる　ところ

（　）イ　あらゆる　ところで　うごきまわって　いる　ところ

（　）ウ　人《ひと》まえには　すがたを　あらわさない　ところ

(2) こんちゅうを　とおくから　ながめても　かたちが　わからないのは　なぜですか。

（　　　　）

(3) こんちゅうの　くらしぶりを　とおくから　かんさつする　まえに　しって　おいた　ほうが　いい　ことは　なんですか。

（　　　　）

13 だいじな　ことを　よみとる

ハイクラス

じかん　20ぷん
ごうかく　80てん
とくてん　　てん

こたえ▼べっさつ13ページ

1 つぎの　文《ぶん》しょうを　よんで、あとの　といに　こたえましょう。

にんげんが　けがわを　とる　ために　つかまえて、ラッコが　きえて　しまった　うみでは、つぎのような　ことが　おきました。

ラッコが　えさに　して　いた　ウニが、ラッコに　たべられなく　なった　ために　ふえすぎて　しまい、ウニの　えさで　ある　かいそうを　たべつくして　しまいました。かいそうは、小《ちい》さな　さかなや　かいや　イソギンチャクが、えさと　して　たべたり、すみかに　したり、たまごを　うんで　子《こ》どもを　そだてたり　する　たいせつな　ばしょだったのですが、その　かいそうが　なくなった　ために、それらの　生《い》きものたちも、すがたを　けして　しまいました。そして、いちどは　ふえすぎた　ウニも、けっきょくは、えさの　かいそうが　なくなったので、いなく　なって　しまいました。

ラッコが　いなく　なる　ことで、生きものたちの　つながりが　きれて　しまい、その　ちいきの　いのちが　つぎつぎと　きえて　しまったのです。

ラッコのように、いのちの　つながりの「かぎ」を　にぎる　生きものの　ことを、「キーストーンしゅ」と　よんで　います。

（しんじゅ　まりこ「生きものが　きえる」）

(1) にんげんは　なぜ　ラッコを　つかまえたのですか。(10てん)

（　　　　　　　　　　）

(2) ウニが　ふえたのは　なぜですか。(10てん)

（　　　　　　　　　　）

(3) かいそうが　なくなったのは　なぜですか。(10てん)

（　　　　　　　　　　）

(4) かいそうは、小さな　さかなたちに　とって　どんな　ものでしたか。文しょうから　すべて　かきぬきましょう。(10てん)

（　　　　　　　　　　）

(5) かいそうが　なくなった　ことでいなくなって　しまった　生きものを　すべて　かきましょう。(20てん)

（　　　　　　　　　　）

(6) ラッコが　いなく　なる　ことで、その　ちいきの　生きものたちはどう　なりましたか。(10てん)

（　　　　　　　　　　）

(7) ラッコは、その　ちいきの　生きものたちの　中《なか》で　どんな　やくわりでしたか。(10てん)

（　　　　　　　　　　）

(8) 生きものたちの　いのちを　まもるためには　だれが　なにを　すればいいでしょうか。(20てん／一つ10てん)

（　　　　　）が、生きものたちのいのちの（　　　　　）を　たいせつに　かんがえて　こうどうすべきで　ある。

チャレンジテスト④

こたえ▼べっさつ14ページ

じかん 20ぷん
ごうかく 80てん
とくてん　　てん

1 つぎの 文《ぶん》しょうを よんで、あとの といに こたえましょう。

あなたは ごちそうが 大《だい》すきでしょう。「は」が ないと この ごちそうが たべられなく なるのです。

ごちそうを 口《くち》の 中《なか》へ 入《い》れると、のみのような 「まえば」は ごちそうを こまかく、きります。ちぎります。きざみます。うすのような 「おくば」は ごちそうを すりつぶし、くだきます。

こまかく ちぎれて、すりつぶされた ごちそうは どう なるのでしょう？

こまかく ちぎれて、すりつぶされた ごちそうは おなかに 入《はい》って 「えいよう」に なります。

もし 「は」が なくて ごちそうを こまかく ちぎって、すりつぶせないと おいしい ごちそうを いくら たべても 「えいよう」に なりません。「えいよう」が ないと からだが やせて よわく なって しまいます。

その だいじな 「は」が どうして 「むしば」に なるのでしょう？

ごちそうを たべた とき 小《ちい》さな 「かす」が 「は」の まわりに のこります。

この 「のこりかす」を えさに して 「ばいきん」が ふえます。「ばいきん」は かたい 「は」を とかす 「さん」を つくります。

ですから 「のこりかす」が 「は」に ついて いると だんだん 「は」が と

けて いきます。ほうって おくと「は」に あなが あきます。これが「むしば」です。

（かこ さとし「はははの はなし」）

(1) ごちそうを たべる ときの まえばと おくばの はたらきを、ひょうに まとめましょう。（40てん／一《ひと》つ10てん）

	まえば	おくば
たとえ	（　　　）のような	（　　　）のような
はたらき		

(2) ごちそうを えいようと して たべる ためには どう しなければ なりませんか。（20てん）

（　　　　　　　　）

(3) えいようが ないと どんな ことが おきますか。（20てん）

（　　　　　　　　）

(4) のこりかすが はに ついて いると むしばに なるのは なぜですか。（20てん／一つ5てん）

（　　　　）を えさに して ふえた（　　　）が、（　　　）を つくり、はを（　　　）て はに あなを あけるから。

14 ようすを そうぞうする

標準クラス

1 しを よんで こたえましょう。

なみだ

うちだ りんたろう

①いっぱい ないたから
②こころが はれました
きっと そうだったんだろう
あめあがりの
にじよ

（うちだ りんたろう「しっぽと おっぽ」）

(1) ①いっぱい ないたとは、どんな ようすを あらわして いますか。

たくさん（　　）が ふった ようす。

(2) ②こころが はれましたとは、どんな ようすを 見《み》て いって いるのですか。

（　　）の 空《そら》に
（　　）が 出《で》て いる ようす。

(3) この しが あらわして いる ものに ○を つけましょう。

（　）ア かなしみを がまんしつづけて いる こころ
（　）イ ふかい かなしみを のりこえた こころ
（　）ウ かなしみに まだ ひたって いる こころ

こたえ▼べっさつ14ページ

2 しを　よんで　こたえましょう。

じゃんけんぽん

さわがに　よしお

こいし　あいてに
じゃんけん　したら
じゃんけん　チョキ
①あっちは　グー
いつも　まけ　やれやれ

もみじ　あいてに
じゃんけん　したら
じゃんけん　チョキ
②あっちは　パー
いつも　かち　ほいほい

なかま　あいてに
じゃんけん　したら
じゃんけん　チョキ
あいこで　チョキ
チョキ・チョキ・チョキ・チョキ・・・
③きりが　ない

（くどう　なおこ「のはらうた」）

(1) なぜ、①あっちは　グーなのですか。

（　　　　　）

(2) なぜ、②あっちは　パーなのですか。

（　　　　　）

(3) なぜ、③きりが　ないのですか。

（　　　　　）

じかん 15ふん
ごうかく 80てん
とくてん てん

こたえ▼べっさつ14ページ

1 しを よんで こたえましょう。

たけのこ　くどう なおこ

もっこ もっこ
おはよう
たけのこぼうや
うまれたばかりの
たけのこぼうや
えりかきあわせて
おそらを 見《み》れば
まだまだ ねむたい
くもりぞら

(1) もっこ もっこことは、どんな ようすを あらわして いますか。◯を つけましょう。(15てん)

(　)ア 土《つち》を ほりかえすと たけのこぼうやが 見えた。

(　)イ 土の 中《なか》から たけのこぼうやが かおを 出《だ》した。

(2) たけのこぼうやが 何《なん》まいもの かわに つつまれた ようすを あらわして いる ことばを かきぬきなさい。(20てん)

(　　　　)

(3) この しは どんな かんじで よむと よいでしょう。(15てん)

(　)ア ねむそうに ゆっくり

(　)イ げん気《き》よく 大《おお》きな こえで

2 しを　よんで　こたえましょう。

あり

きょうも　いちにち　おしごとだ
まいにち　まいにち
ならんで　あるいて
大きな　にもつを　よいしょ　よいしょ

いえに　かえるぞ
まいにち　まいにち
ならんで　あるいて
さあ　ついたぞ　ぼくらの　いえだ
きょうも　いちにち　おつかれさん

(1) よいしょ　よいしょからは、ありの　どんな　ようすが　わかりますか。◯を　つけましょう。（15てん）

（　）ア　がんばって　いる　ようす。
（　）イ　つかれきって　いる　ようす。
（　）ウ　いやに　なって　いる　ようす。

(2) ありの　しごとは、ここでは　なにを　する　ことですか。（20てん）

（　　　　　　　　　）

(3) この　しを　うたって　いる　人《ひと》は　なにを　して　いますか。よい　ものに　◯を　つけましょう。（15てん）

（　）ア　ありの　ぎょうれつを　かんさつして　いる。
（　）イ　ありの　すの　中を　かんさつして　いる。

15 ことばを　たのしむ　し

標準クラス

1 しを　よんで　こたえましょう。

てるてるぼうず

えぐち　あけみ

いくちゃんが
てるてるぼうず　つくったの
あした
げんきに　あそべるように
あしたは　てんきに　なるように
あまがえるさん
ふるふるぼうず　つくったの
あした
げんきに　あそべるように
あしたも　ざんざか　ふるように

(1) だれと　だれが　出《で》て　きますか。しに　出て　くる　じゅんに　かきましょう。

①（　　　　）②（　　　　）

(2) (1)の　①と　②は、それぞれ　なにを　つくりましたか。

①（　　　　）

②（　　　　）

(3) げん気《き》に　あそべるように　それぞれ　どうなって　ほしいと　おもっていますか。

①（　　　　）

②（　　　　）

こたえ▽べっさつ15ページ

2 しを　よんで　こたえましょう。

おがわの　はる

あおと　かいち

あいうえおがわに　はるが　きた
かきくけこおりも　もう　とけて
さしすせそろった　［ お ］
たちつてとんでる　［ か ］
なにぬね［ あ ］　ひばりの　こ
はひふへ［ い ］　うれしいな
まみむめものかげ　［ き ］
やいゆえ［ う ］　よけて　いく
らりるれ［ え ］　うたう　みず
わいうえおがわに　はるが　きた

---

(1) しの　中《なか》の［　　］から　あ〜えに　入《はい》る　ことばを　えらんで　かきましょう。

あ（　　　　）　い（　　　　）
う（　　　　）　え（　　　　）

ろんろん　ほんとに　ゆめみる よしのめ　ねころぶ　のはらの

(2) しの　中の　お〜きに　入る　ことばを［　　］から　えらんで　かきましょう。（一《いっ》かいしか　つかえません。）

お（　　　　）　か（　　　　）
き（　　　　）

おちば　めだかの　こ　ばった つくしんぼ　もんしろちょう

じかん 15ふん
ごうかく 80てん
とくてん　　てん

こたえ▼べっさつ15ページ

1 しを よんで こたえましょう。

おと　　いけ しずこ

①ぽちゃん ぽちょん
ちゅぴ じゃぶ
ざぶん ばしゃ
ぴち ちょん

ざざ だぶ
ぱしゅ ぽしょ
②たぷん ぷく
ぽつ どぼん・・・

③わたしは
いろんな おとが する

（くどう なおこ「のはらうた」）

(1) ③わたしとは だれ(なに)の ことですか。(10てん)

（　　　　）

(2) ①・②は、なにが どう した おとだと おもいますか。(30てん／一《ひと》つ15てん)

①（　　　　）

②（　　　　）

2 しを よんで こたえましょう。

しっぽ　　きたむら つたこ

しっぽ しっぽ
ぞうの しっぽ
しっぽ しっぽ
かばの しっぽ
しっぽ しっぽ
ぶたの しっぽ

しっぽ　しっぽで
ないしょのように
おまけのように
おっこちないように
つかまって　いる

(1) 出《で》て　くる　どうぶつの　名《な》まえを
三《みっ》つ　かきましょう。(15てん／一つ5てん)

（　　）（　　）（　　）

(2) しっぽは　どのように　ついて　いる
と　かかれて　いますか。(10てん)

（　　　　　　　　　　　　）

3 しを　よんで　こたえましょう。

おちば　　よだ　じゅんいち

おちば、おちば、きの　はっぱ。

やまの　こざるが　ひろったら、
おもちゃの　おかねに　するかしら。
ならの　き、かしの　き、きの　はっぱ。
もりの　こりすが　ひろったら、
でんしゃの　きっぷに　するかしら。
おちば、おちば、
[　　　　]

(1) こざると　こりすは、はっぱを　なに
に　しますか。(20てん／一つ10てん)

①こざる（　　　　　）
②こりす（　　　　　）

(2) さいごの [　] には　つぎの　どれが
入《はい》りますか。(15てん)

（　）ア　ひらひらひら。
（　）イ　はっぱっぱ。
（　）ウ　あか・き・ちゃいろ。

16 リズムを かんじる

標準クラス

1 しを よんで こたえましょう。

ぶどう

こわせ・たまみ

はっぱの うしろで
むらさきぶどう
おしくらまんじゅう
して いるな

おさらに のせても
□ぶどう
おしくらまんじゅう
やめないな

おなかの なかでも
つやつやぶどう
おしくらまんじゅう
するのかな

---

(1) □には どんな ことばが 入《はい》りますか。えらんで、○を つけましょう。

（　）ア のしのし　（　）イ さわやか

（　）ウ ふさふさ　（　）エ かたかた

(2) おなかの なかでもとは、ぶどうを どう した ことを いって いるのですか。

（　　　　　　　　）

(3) おしくらまんじゅうとは、ぶどうの どのような ようすを あらわして いますか。

（　　　　　　　　）

こたえ べっさつ16ページ

2 しを よんで こたえましょう。

はる　なつ　あき　ふゆ

はるが　くるのは
よく　わかる
まつげの　ねっこが
しゅんしゅん　*うるむ

*しっとり　ぬれる

なつが　くるのは
よく　わかる
ちいさい　てのひら
みどりに　*そまる

*いろが　つく

あきが　くるのは
よく　わかる
まえば　こつんと
くるみを　かじる

ふゆが　くるのは
よく　わかる
ふかふか　しっぽが
まくらに　なった

（くどう　なおこ「のはらうた」）

(1) 四《よっ》つの　まとまりは　一《いち》ぎょうが　ほぼ　おなじ　かずの　文字《もじ》で　できて　います。一《ひと》つめの　まとまりを　四つに　わけて　かぞえましょう。（小《ちい》さく　かく　文字は　かぞえません。）

七字《しちじ》—□字—□字—七字

(2) しを　うたって　いる　どうぶつを、◯で　かこみましょう。

くま	ねずみ	かえる
うま	りす	きりん

じかん　15ふん
ごうかく　80てん
とくてん　　　てん

こたえ♡べっさつ16ページ

1　しを　よんで　こたえましょう。（40てん／一《ひと》つ20てん）

おたまじゃくしは　なかないね
みやざわ　しょうじ

①
おたまじゃくしは
なかないね
ぷる　ぷる　ぷるっと
みずの　なか
あかちゃんなのに
なかないね

②
おたまじゃくしは
なくんだよ
けろ　けろ　けろっと
かえるさん
おおきく　なって
なくんだよ

(1)　――ぷる　ぷる　ぷるっとは　どんな　かんじで　よみますか。
（　）ア　大《おお》きく　げん気《き》に　よむ。
（　）イ　かわいく　かるく　よむ。
（　）ウ　ふるえる　こえで　よむ。

(2)　②は　①の　へんじです。どんな　かんじで　よみますか。
（　）ア　げん気に　はきはき　よむ。
（　）イ　大きく　早口《はやくち》で　よむ。
（　）ウ　小《ちい》さく　ゆっくりと　よむ。

2　しを　よんで　こたえましょう。

ちょうちょうさん　さとう　よしみ

ちょうちょの　あとから
ついて　いこう、
アラ　アラ　アラ　アラ

どこへ　いくの
ちょうちょうさん
ちょうちょうさん。
すみれが　さいてる
のはらなの、
アラ　アラ　アラ　アラ
どこへ　いくの
ちょうちょうさん
ちょうちょうさん。

(1) アラ…は　どんな　かんじで　よみますか。（10てん）

（　）ア　うれしそうに
（　）イ　こまった　かんじで
（　）ウ　おどろいた　かんじで

(2) アラ…は　ちょうの　どんな　うごきに　あわせた　リズムですか。（20てん）

（　　　　）

3 しを　よんで　こたえましょう。（30てん／一つ15てん）

はるを　つまんで

みやざわ　しょうじ

はるを　つまんで　とばしたら
①しろい　ちょうちょに　なりました
もいちど　つまんで　とばしたら
②きいろい　ちょうちょに　なりました
しろい　ちょうちょは　あおぞらの
くもと　いっしょに　きえました
きいろい　ちょうちょは　なのはなに
かくれて　みえなく　なりました
はるを　つまんで　とばしましょう
しろい　ちょうちょが　そら　いっぱい
もいちど　つまんで　とばしましょう
きいろい　ちょうちょが　のに　いっぱい

①・②の　ちょうは　なにに　なったと　おもいますか。

①（　　　）　②（　　　）

チャレンジテスト⑤

こたえ▼べっさつ17ページ

じかん 15ふん
ごうかく 80てん
とくてん てん

1 しを よんで こたえましょう。

ちいさい おおきい
ちいさい おおきい
おおきくって おおきくって おおきくって
ちいさい
ぞうさんの なみだ

ちいさい おおきい
ちいさい おおきい
おおきくって おおきくって おおきくって
ちいさい
かばさんの むしば

ちいさい おおきい
ちいさい おおきい
ちいさくって ちいさくって ちいさくって
おおきい
かえるの おなか

ちいさい おおきい
ちいさい おおきい
ちいさくって ちいさくって ちいさくって
おおきい
ありさんの にもつ

ちいさい おおきい
ちいさい おおきい
ちいさくって ちいさくって ちいさくって
ちいさい
めだかの あくび

ちいさい おおきい
ちいさい おおきい
おおきくって おおきくって おおきくって
おおきい
くじらの くしゃみ

（こうやま よしこ）

(1) おおきくて　ちいさいのは　なんですか。二《ふた》つ　かきましょう。(20てん／一《ひと》つ10てん)

（　　　）

（　　　）

(2) ちいさくて　おおきいのは　なんですか。二つ　かきましょう。(20てん／一つ10てん)

（　　　）

（　　　）

(3) ちいさくて　ちいさいのは　なんですか。(10てん)

（　　　）

(4) おおきくて　おおきいのは　なんですか。(10てん)

（　　　）

---

(5) この　中《なか》で　いちばん　おおきいのは　なんですか。(15てん)

（　　　）

(6) この　中で　いちばん　ちいさいのは　なんですか。(15てん)

（　　　）

(7) この　しの　だいめいで　ふさわしいのは　どれですか。一つ　えらんで　○を　つけましょう。(10てん)

（　）ア　どうぶつの　くらべっこ

（　）イ　おおきさ　くらべ

（　）ウ　ちいさい　おおきい

（　）エ　みんな　ちがって　みんな　いい

17 にっき

標準クラス

こたえ▼べっさつ17ページ

1 にっきを よんで こたえましょう。

七月《しちがつ》 十五日《じゅうごにち》　土《ど》よう日《び》 くもり

あさがおが さきました。赤《あか》い 花《はな》が 一《ひと》つと、白《しろ》い 花が 二《ふた》つです。おかあさんと いっしょに 見《み》ました。お水《みず》を たくさん やって おきました。

(1) いつの にっきですか。

（　　　　）

(2) その 日《ひ》は どんな お天気《てんき》でしたか。

（　　　　）

(3) 赤い 花は、いくつ さきましたか。

（　　　　）

(4) だれと いっしょに 見ましたか。

（　　　　）

2 にっきを よんで こたえましょう。

十月《じゅうがつ》 四日《よっか》 日《にち》よう日 はれ

きょうは、うんどうかいです。わたしたちは、かけっこを しました。白い せんの ところに ならびました。ピーッと　ふえが　なりました。
わたしは　いっしょうけんめい　はしりました。三《さん》とうに　なりました。きいろの　リボンを　もらいました。

(1) わたしたちは　うんどうかいで　なにを　しましたか。

（　　　　　　　　）

(2) きいろの　リボンを　もらったのは　なぜですか。

（　　　　　　　　）

3 にっきを　よんで　こたえましょう。

一月《いちがつ》　五日《いつか》（木《もく》よう日）くもり
はるかさんの　うちへ　いって　はねつきを　しました。わたしが　ついたら、はねが　やねに　あがって　しまいました。だから　あきらめて、おうちに　入《はい》って　かるたとりを　しました。かるたとりを　するのは　はじめてなので　なかなか　とれませんでした。（あい）

(1) だれと　だれが　あそびましたか。

（　　　　）（　　　　）

(2) なにを　して　あそびましたか。

（　　　　）（　　　　）

(3) はねつきを　やめたのは　なぜですか。

（　　　　　　　　）

(4) かるたが　なかなか　とれなかったのは　なぜですか。

（　　　　　　　　）

ハイクラス

じかん 20ぷん
ごうかく 80てん
とくてん　　てん

こたえ▼べっさつ17ページ

1 にっきを　よんで　こたえましょう。

十一月《じゅういちがつ》　八日《ようか》　月《げつ》よう日《び》　はれ
学校《がっこう》から　かえってから、あおいさんと、こうえんへ　おちばひろいに　いきました。はじめに、こうえんの　入《い》り口《ぐち》のところで、もみじを　ひろいました。
それから、大《おお》きな　いちょうの　木《き》の下《した》へ　いきました。いちょうの　はをたくさん　ひろいました。
うちへ　かえってから、おちばで、おみせやさんごっこを　して　あそびました。

(1) いつの　にっきですか。(10てん)
（　　　　　）

(2) どこで　なにを　ひろいましたか。じゅんばんに　かきましょう。(20てん／一《ひと》つ5てん)
①（　　　　）で
（　　　　）を　ひろった。
②（　　　　）で
（　　　　）を　ひろった。

(3) おちばで　なにを　しましたか。(10てん)
（　　　　　）

2 にっきを　よんで　こたえましょう。（60てん／一つ10てん）

十一月　十日《とおか》　水《すい》よう日　くもり

ぼくは、マルを　つれて　さんぽに　いきました。かわらの　石《いし》の　上《うえ》を　あるいて　いたら、マルが、

「水《みず》が　のみたい。水が　のみたい。」

と　いって　ほえました。

雨《あめ》の　あとで、川《かわ》の　水は、にごって　いました。それで、ぼくは、

「だめ、だめ。」

と　いいました。

けれども、マルは、つなを　ひっぱって、川の　中《なか》へ　入《はい》って　しまいました。そして　おいしそうに　水を　のみました。

「もう　こっちへ　こい。」

ぼくは、つなを　ひっぱりました。

---

(1) マルを　つれて　なにを　しに　いきましたか。

（　　　　）

(2) マルは、どこで　水が　のみたく　なったのですか。

（　　　　）

(3) ぼくが　「だめ、だめ。」と　いったのは、なぜですか。

（　　　　）

(4) のどが　かわいて　いる　マルの　ようすを　三《みっ》つ　ぬきだして　かきましょう。

・（　　　　）

・（　　　　）

・（　　　　）

18 手《て》がみ

標準クラス

こたえ▼べっさつ18ページ

1 手がみを よんで こたえましょう。

おかあさんへ

十一日《じゅういちにち》の 金《きん》よう日《び》は、学《がく》げいかいです。きょう、学校《がっこう》で、その けいこをしました。

わたしたちは、「ねこの すず」の げきを するのです。

まだ、うまく できません。だんだん上手《じょうず》に なる つもりです。

十一日の 金よう日には、きっと 見《み》に きて ください。

ゆうな

---

(1) この 手がみは、だれから だれに だされた ものですか。

（　　　）から（　　　）に

(2) 十一日には なにが ありますか。

（　　　）

(3) 学校で きょうは なにを しましたか。

（　　　）

(4) (2)で ゆうなさんたちは、なにを しますか。

（　　　）

(5) この 手がみには、ほかに なにを かくと よいですか。

（　）**ア** げきが はじまる じかん

（　）**イ** わたしの いしょう

2 手がみを　よんで　こたえましょう。

こうすけくんへ
きみの　手がみの　こと、おかあさんに　はなしたよ。
あそびに　いっても　いいと　いってくれたよ。三《さん》じごろ　いくから、かどのはなやの　ところで　まっていてね。
そうた

(1) だれから　だれに　だされた　手がみですか。

（　　　）から（　　　）に

(2) あそびに　いっても　いいと　いったのは、だれですか。

（　　　）

(3) この　手がみは、へんじです。こうすけくんからの　手がみには、なにが　かいて　あったと　おもいますか。一《ひと》つ　○を　つけましょう。

（　）**ア** はなやの　ところで　まって　いるよ。
（　）**イ** 三じごろ　あいたい。
（　）**ウ** あそびに　おいでよ。
（　）**エ** お手がみ　ありがとう。
（　）**オ** そうたくんの　いえに　あそびに　いこう。

(4) こうすけくんは、どこで　まてばよいのですか。

（　　　）

じかん 20ぷん
ごうかく 80てん
とくてん　　てん

こたえ▼べっさつ18ページ

1 手がみを　よんで　こたえましょう。

おかあさんへ
あしたは　うんどうかいです。わたしは、かけっこと　ゆうぎと　だるまはこびに　出《で》ます。
きっと、見《み》に　きて　くださいね。
まな

(1) だれが　かいた　手がみですか。(10てん)
（　　　）

(2) うんどうかいは、いつ　ありますか。(10てん)
（　　　）

(3) わたしは、うんどうかいで　どんな　ことを　しますか。(15てん／一《ひと》つ5てん)
（　　　）（　　　）
（　　　）

(4) この　手がみは、なにを　つたえる　ために　かいたのですか。あてはまる　ものに　○を　つけましょう。(10てん)
（　）ア　あしたは、うんどうかいだ。
（　）イ　うんどうかいを　見に　きてほしい。
（　）ウ　うんどうかいでは、かけっこや　ゆうぎを　したい。

2 手がみを よんで こたえましょう。

なつみさんへ
このあいだは、ごちそうさまでした。

わたしたちが おやつを たべて いる とき、ゆうたちゃんが、

「まんま、まんま。」

と いって、ちょこちょこ あるいて きたでしょう。

わたしは、ゆうたちゃんが とても かわいくて、いつまでも あそんで いたく なりました。

また あそびに いきますからね。

えり

(1) この 手がみを もらったのは、だれですか。(10てん)

(　　　　)

(2) ごちそうに なったのは、だれですか。(15てん)

(　　　　)

(3) ゆうたちゃんは、だれの おとうとですか。○を つけましょう。(15てん)

(　)ア えりさん
(　)イ わたしたち
(　)ウ なつみさん

(4) ゆうたちゃんと いつまでも あそんで いたく なったのは、なぜですか。あてはまる ものに ○を つけましょう。(15てん)

(　)ア おとうとが いないから。

(　)イ とても かわいいから。

(　)ウ いっしょに いたいから。

19 せいかつ文《ぶん》

標準クラス

こたえ▼べっさつ18ページ

1 つぎの 文しょうを よんで、あとの といに こたえましょう。

きのう、ぼくの うちでは、かきとりを しました。おとうさんが、かきの 木《き》に のぼって もぎました。もいだ かきを えんがわに ならべました。あとで おとなりへも あげました。

(1) かきを もいだのは だれですか。
（　　　　）

(2) どのように して もぎましたか。
（　　　　）

(3) もいだのは いつの ことですか。
（　　　　）

(4) もいだ かきは どこに おきましたか。
（　　　　）

(5) あとで どう しましたか。
（　　　　）

2 つぎの 文しょうを よんで、あとの といに こたえましょう。

ぼくは おとうさんと、花火《はなび》を 見《み》に いきました。川《かわ》の そばは、人《ひと》で いっぱいでした。どんと 音《おと》が して、きく

の　花が　空《そら》　いっぱいに　ひろがりました。

(1) ぼくは、だれと　花火を　見に　いきましたか。

（　　　　）

(2) なぜ　人で　いっぱいだったと　おもいますか。

（　　　　）

(3) 花火を　どこで　見ましたか。

（　　　　）

(4) 「どんと　音が　して、きくの　花が…ひろがりました。」と　いうのは、ほんとうは　どう　いう　ことですか。

（　　　　）

3 つぎの　文しょうを　よんで、あとの　といに　こたえましょう。

おきゃくさんごっこを　しました。けんたさんと　あやかさんが　おきゃくに　なりました。ふたりは　あすかさんの　ところへ　おきゃくに　いきました。

(1) なにを　して　あそんで　いますか。

（　　　　）

(2) あそんで　いる　人の　名《な》まえを　かきましょう。

（　　　　）（　　　　）

（　　　　）

(3) おきゃくを　むかえたのは　だれですか。

（　　　　）

19 せいかつ文《ぶん》

ハイクラス

こたえ▼べっさつ19ページ

じかん 20ぷん
ごうかく 80てん
とくてん　　てん

1 つぎの　文しょうを　よんで、あとの　といに　こたえましょう。（50てん／一《ひと》つ10てん）

わたしは、きのう、まさしさんや　さおりさんと、おきゃくさんごっこを　しました。まさしさんと　さおりさんが、おきゃくさんに　なりました。わたしは、ごちそうを　つくりました。まさしさんが、おとなの　人《ひと》のように　はなすので、さおりさんが　わらいました。わたしも　わらって　しまいました。

(1) いつの　ことですか。

（　　　　　）

(2) なにを　して　あそびましたか。

（　　　　　）

(3) さおりさんは、なにに　なりましたか。

（　　　　　）

(4) さおりさんは、なぜ　わらいましたか。

（　　　　　）

(5) わたしは　なにに　なりましたか。

（　　　　　）

2 つぎの　文しょうを　よんで、あとの　といに　こたえましょう。

ひろとさんと　ちひろさんが　おりがみで、ふねを　つくりました。

かずやちゃんが、

「ぼくにも　つくってよ。」

と　いいました。

かずやちゃんに　赤《あか》い　ふねを　つくって　あげました。

小川《おがわ》の　はしの　上《うえ》から、おりがみの　ふねを、いっしょに　ながしました。

ひろとさんの　ふねは、きしの　草《くさ》に　あたって　おくれました。

ちひろさんの　ふねに、かえるが　とびつきました。ちひろさんの　ふねも、おくれて　しまいました。かずやちゃんの　ふねに、ちょうちょが　とまりました。

赤い　ふねは、ちょうちょを　のせて、どんどん　すすんで　いきました。

---

(1) どんな　ことを　して　あそびましたか。(15てん)

（　　　　）

(2) あそんだのは　だれですか。(15てん／一つ5てん)

（　　　　）（　　　　）（　　　　）

(3) おくれた　ふねは、だれの　ふねですか。(かいて　ある　じゅんに　こたえましょう。)(10てん／一つ5てん)

①（　　　　）②（　　　　）

(4) (3)の　ふねが　おくれた　りゆうは　なんですか。(10てん／一つ5てん)

①（　　　　）

②（　　　　）

20 はなしあいの 文《ぶん》

標準クラス

1 つぎの 文しょうを よんで、あとの といに こたえましょう。

水《すい》ぞくかんの こうさくを 見《み》て、四《よ》人《にん》で はなしあって います。

①「あ、たいが いる。」
②「きれいな たいね。」
③「いわの そばに たこが いるね。」
④「そうよ。この糸《いと》を ひっぱると、おどるのよ。ほら。」
⑤「ほんとだ。おどる。おどる。」
⑥「たこの 足《あし》を きりぬくのが、とても むずかしかったわ。」
⑦「これ、うみの そこに 生《は》えている 草《くさ》だね。」

(1) こうさくの 水ぞくかんには、なにが いますか。

（　　）（　　）

(2) たこは、どこに いますか。

（　　）

(3) この 水ぞくかんを つくった 人《ひと》が はなしを して いる ぶぶんは、どこですか。その ばんごうを 二《ふた》つ かきましょう。

（　　）（　　）

(4) むずかしかったのは、どんな ことですか。

（　　）

こたえ▼べっさつ19ページ

2 つぎの 文しょうを よんで、あとの
といに こたえましょう。

先生《せんせい》が よう子《こ》さんに、たずねました。

「いつ、あおいさんと おちばひろいに
いきましたか。」

「きのう、学校《がっこう》から かえってからです。」

「はじめ、どこで ひろいましたか。」

「こうえんの 入《い》り口《ぐち》の ところです。」

「なんの おちばを ひろいましたか。」

「もみじです。」

「いちょうは どこで ひろいました
か。」

「いけの そばです。」

---

(1) はなしを して いるのは だれと
だれですか。

（　　　　）と（　　　　）

(2) おちばひろいを したのは だれと
だれですか。

（　　　　）と（　　　　）

(3) おちばひろいを したのは いつの
ことですか。

（　　　　　　　　）

(4) どこで、どんな おちばを ひろい
ましたか。ひょうに まとめましょう。

どこで	どんな おちば

20 はなしあいの 文《ぶん》

ハイクラス

じかん 20ぷん
ごうかく 80てん
とくてん　　てん

こたえ▼べっさつ20ページ

1 つぎの 文しょうを よんで、あとの といに こたえましょう。

二人《ふたり》で うさぎを 見《み》て います。

「まあ、かわいいこと。この うさぎ、あきらさんが かって いるの。」

「うん。きのう、おじさんの うちから、もらって きたんだよ。」

「まだ、子《こ》どもの うさぎさんね。」

「うまれて やっと 四十日《よんじゅうにち》に なったばかりだって。おかあさんと はなれて こやに 入《はい》って いるのに いいこに して いるね。」

「名《な》まえは なんと いうの。」

「白《しろ》いから ゆきこと つけたんだよ。」

「からだが まっ白で、目《め》の ところが まっかだから、とても きれいね。おや、耳《みみ》を ぴんと 立《た》てたわよ。」

「まおさんの はなしを きいて いるんだね。」

「あら ゆきこちゃん、あっち むいたわよ。」

「おはなしが きらいなのかな。」

「子どもだから あきっぽいのよ。」

(1) はなしを して いるのは だれと だれですか。(20てん／一《ひと》つ10てん)

（　　　　）と（　　　　）

(2) うさぎは、どこから きましたか。(10てん)

（　　　　）

(3) あきらさんは、どうして「まおさんの　はなしを　きいて　いるんだね。」と　いったのですか。(15てん)

(　)ア　耳が　ながいので　なんでも　きこえるから。

(　)イ　うさぎが　耳を　ぴんと　立てたから。

(　)ウ　こっちを　じっと　見て　いるから。

(4) うさぎが　よこを　むいて　しまったのを　見て、まおさんは　どうおもったのですか。(15てん)

(　)ア　ぜんぜん　おちつきが　ない。

(　)イ　おはなしが　きらい。

(　)ウ　子どもだから　あきっぽい。

---

(5) この　うさぎは　うまれてから　なん日　たって　いますか。(10てん)

(　　　　　)

(6) はなしを　して　いる　ところは　どこですか。(15てん)

(　)ア　うさぎごやの　まえ。

(　)イ　おじさんの　うち。

(7) これは、なにに　ついての　文しょうですか。(15てん)

(　)ア　ふたりで　うさぎの　名まえを　きめた　こと。

(　)イ　あきらさんの　かって　いる　うさぎの　ようす。

(　)ウ　うさぎが　ぴんと　耳を　立てた　こと。

チャレンジテスト⑥

こたえ▼べっさつ20ページ

じかん 20ぷん
ごうかく 80てん
とくてん てん

1 つぎの 文《ぶん》しょうを よんで、あとの といに こたえましょう。

もう すぐ お正月《しょうがつ》です。土《ど》よう日《び》に、おかあさんと 本町《もとまち》へ かいものに いきました。大《おお》うり出《だ》しで、どの みせも、きれいに かざって ありました。赤《あか》い はたや きいろい はたが、かぜに ひらひら して いました。クリスマスの かざりを して いる みせも ありました。

わたしは、青《あお》い けいとの 手《て》ぶくろを かって もらいました。

(1) かいものに いったのは いつですか。（10てん）

（　　　　）

(2) だれと かいものに いきましたか。（10てん）

（　　　　）

(3) どこへ いきましたか。（10てん）

（　　　　）

(4) みせに かざって あった ものを すべて かきましょう。（20てん）

（　　　　）

(5) わたしは なにを かって もらいましたか。（10てん）

（　　　　）

② つぎの 文しょうを よんで、あとの といに こたえましょう。

はるとさん、ななさん、ひろきさんの三人《さんにん》は、山《やま》みちを のぼって いちばん上《うえ》まで いきました。

①「学校《がっこう》が 見《み》えるよ。」

と、ひろきさんが、いいました。

②「あそこに バスが はしって いるわ。」

と、ななさんは、とおくの ほうを ゆびさして いいました。田《た》で いねを かって いる 人《ひと》が 小《ちい》さく 見えました。

じんじゃの 林《はやし》の いちょうが、まっきいろに なって いました。三人は、林の 中《なか》に 入《はい》って いきました。

③「あ、どんぐりが おちて いるよ。」

と、はるとさんが、大きな こえで いいました。

(1) この 文しょうには、どちらの だいが いいですか。よい ものに ○を つけましょう。（5てん）

（　）ア どんぐりひろい

（　）イ 山のぼり

(2) ①〜③は、だれの いった ことばですか。（30てん／一《ひと》つ10てん）

① （　　　　）

② （　　　　）

③ （　　　　）

(3) どんぐりを どこで 見つけましたか。（5てん）

（　　　　）

21 手《て》がみを　かく

標準クラス

1 手がみを　よんで　こたえましょう。

おじいちゃん、おばあちゃんへ
じてんしゃを　プレゼントして　くれて　ありがとう　ございます。
あれから、おとうさんと　じてんしゃに　のる　れんしゅうを　しました。

①
はじめの　うちは、

でも、ついに

②

こんど、おじいちゃんと　おばあちゃんにも　見《み》て　もらいたいです。たのしみに　して　いて　ください。

ゆみ

(1) この　手がみは、だれから　だれに　出《だ》された　ものですか。

（　　　）から
（　　　）に

(2) 手がみの　①・②の　ぶぶんを、えを　見て　かきましょう。

こたえ▼べっさつ20ページ

21

手がみを　かく

ハイクラス

じかん 15ふん

ごうかく 80てん

とくてん　　てん

1 手がみを　よんで　こたえましょう。

一《いち》ねん二《に》くみの　みなさんへ

この　あいだは、ぼくの　おわかれかいを　して　くれて、ありがとう　ございました。みんなで　イスとりゲームをしたり、うたを　うたったり、とてもたのしかったです。

そして、みんなから　メッセージカードを　もらって、とても　うれしかったです。ぼくの　たからものです。

あたらしい　学校《がっこう》に　いっても、

[　　　　　　　　]

たける

(1) この　手がみは、だれから　だれに　出された　ものですか。(20てん／一《ひと》つ10てん)

(　　　　)から

(　　　　)に

(2) この　手がみを　かいた　人《ひと》が　①たのしかった　こと、②うれしかった　ことは、なんですか。(40てん／一つ20てん)

① (　　　　)

② (　　　　)

(3) [　　]に　あてはまる　ことばを、まえの　ことばに　つながるように　じゆうに　かきましょう。(40てん)

(　　　　)

22 じぶんの ことを しょうかいする

標準クラス

こたえ▼べっさつ20ページ

1 つぎの 文《ぶん》しょうを よんで、あとの といに こたえましょう。

ぼくの 名《な》まえは まえだ ふみとです。

すきな たべものは [あ] です。あまくて みずみずしくて おいしい からです。

ぼくの とくいな ことは [い] です。さいしょは ぜんぜん できなかったけれど、なんども れんしゅうして うまく なりました。

こんな ぼくですが、[う]

(1) 文しょうの **あ**・**い**の ぶぶんを、えを 見《み》て かきましょう。

あ（　　　　）

い（　　　　）

(2) まえださんが、**あ**を すきなのは なぜですか。

（　　　　）

(3) まえださんが、**い**が とくいに なったのは、なぜですか。

（　　　　）

(4) 文しょうの **う**の ぶぶんを、かんがえて かきましょう。

（　　　　）

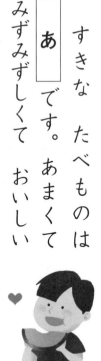

じかん	ごうかく	とくてん
15ふん	80てん	てん

1 つぎの 文しょうを よんで、あとの といに こたえましょう。

わたし（ぼく）の 名まえは [あ]です。みんなから [い] と よばれて います。

わたし（ぼく）の すきな あそびは、[う] です。なぜなら、[え]。

また、わたし（ぼく）の たからものは、[お] です。なぜなら、[か]。

わたし（ぼく）が いま いちばん がんばって いる ことは、[き] です。[く] ように なりたいです。

---

(1) [あ]～[く]に あてはまる ことばを かいて、じぶんの しょうかい文を かんせいさせましょう。
(100てん／あ～う・お・き 一《ひと》つ10てん、え・か 一つ15てん、く 20てん)

あ（　　）
い（　　）
う（　　）
え（　　）
お（　　）
か（　　）
き（　　）
く（　　）

23 みちじゅんを せつめいする

標準クラス

こたえ▼べっさつ21ページ

1 ちずと みちじゅんの せつめいを よんで こたえましょう。

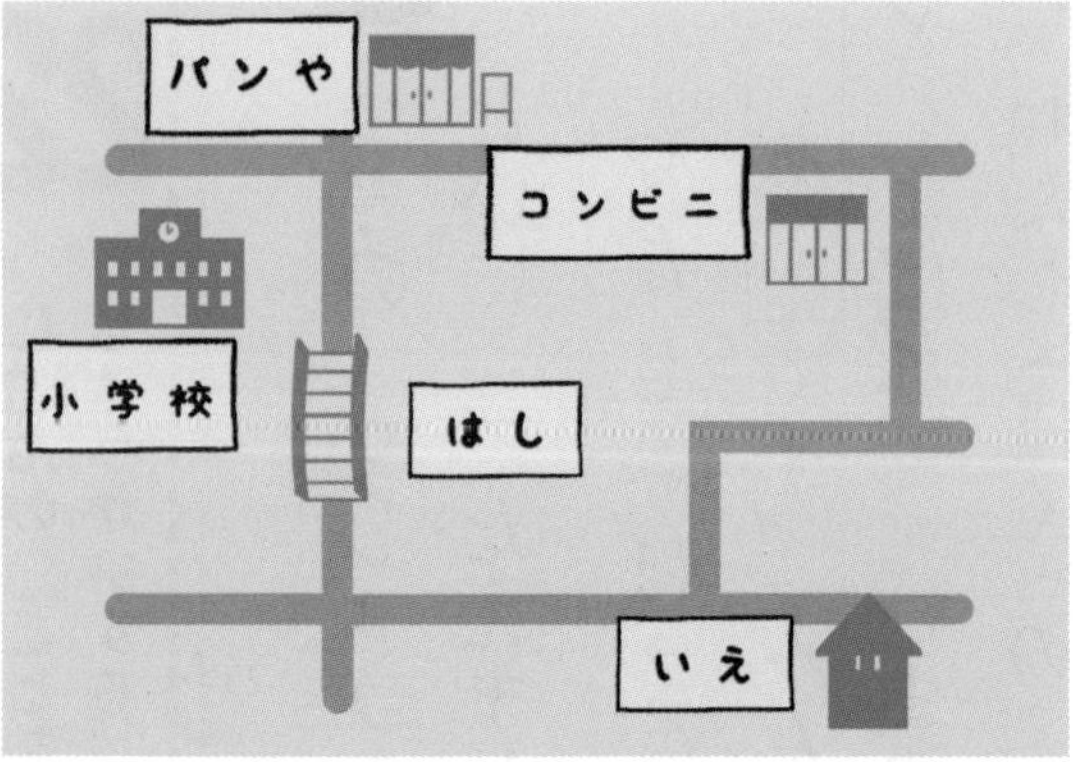

いえを 出《で》て、みちを 左《ひだり》に まっすぐ あるいて、[あ]の かどを 右《みぎ》に まがり、そのまま まっすぐ あるきます。はしを わたって、[い]ます。そのまま すこし すすむと、左手《て》に 小《しょう》学校《がっこう》が 見《み》えます。

(1) これは どこから どこまでの みちじゅんの せつめいですか。

（　　　　）から

（　　　　）まで

(2) [あ]に あてはまる ことばを えらんで、○を つけましょう。

（　）ア 一《ひと》つめ

（　）イ 二《ふた》つめ

(3) [い]に あてはまる せつめいを かんがえて かきましょう。

（　　　　）

23 みちじゅんを せつめいする

ハイクラス

じかん 15ふん
ごうかく 80てん
とくてん てん

1 つぎの 文《ぶん》しょうを よんで、あとの といに こたえましょう。

つよしくんは、女《おんな》の 人《ひと》に こえを かけられて います。

「すみません。びょういんに いきたいのですが、みちを おしえて もらえますか。」

「はい、びょういんですね。」

「びょういんに いく まえに、おみまいの 花《はな》も かいたいのですが、花やさんも わかりますか。」

「はい。ちかくに 一《いっ》けん 花やさんが あります。それでは、せつめいしますね。この みちを まっすぐ あるいて、……。」

(1) ちずを 見て、女の 人に わかりやすく びょういんまでの みちじゅんを せつめいしましょう。ただし、いちばん みじかい きょりで つけるように かんがえましょう。(100てん)

この みちを まっすぐ あるいて、

チャレンジテスト⑦

こたえ▽べっさつ21ページ

じかん 20ぷん
ごうかく 80てん
とくてん　　てん

1 つぎの 文《ぶん》しょうを よんで、あとの といに こたえましょう。

みちかさんは、いま ★の ばしょに います。

みちかさんに せいふくを きた 人《ひと》が こえを かけて きました。はしって きた ようです。

「すみません。えきまでの みちじゅんを おしえて ください。いそいで います。」

どうやら、となりの 町《まち》の 中学生《ちゅうがくせい》のようです。みちかさんは、中学生に えきまでの みちじゅんを せつめいしました。

つぎに、みちかさんに こえを かけて きたのは、ベビーカーを おした 女《おんな》の 人でした。にもつも たくさん もって いて、おもそうです。

「すみません。えきまでの みちじゅんを おしえて ください。いそいでは いません。できるだけ あんぜんな みちが いいです。」

みちかさんは、ベビーカーを おした 女の 人に みちじゅんを せつめいしました。

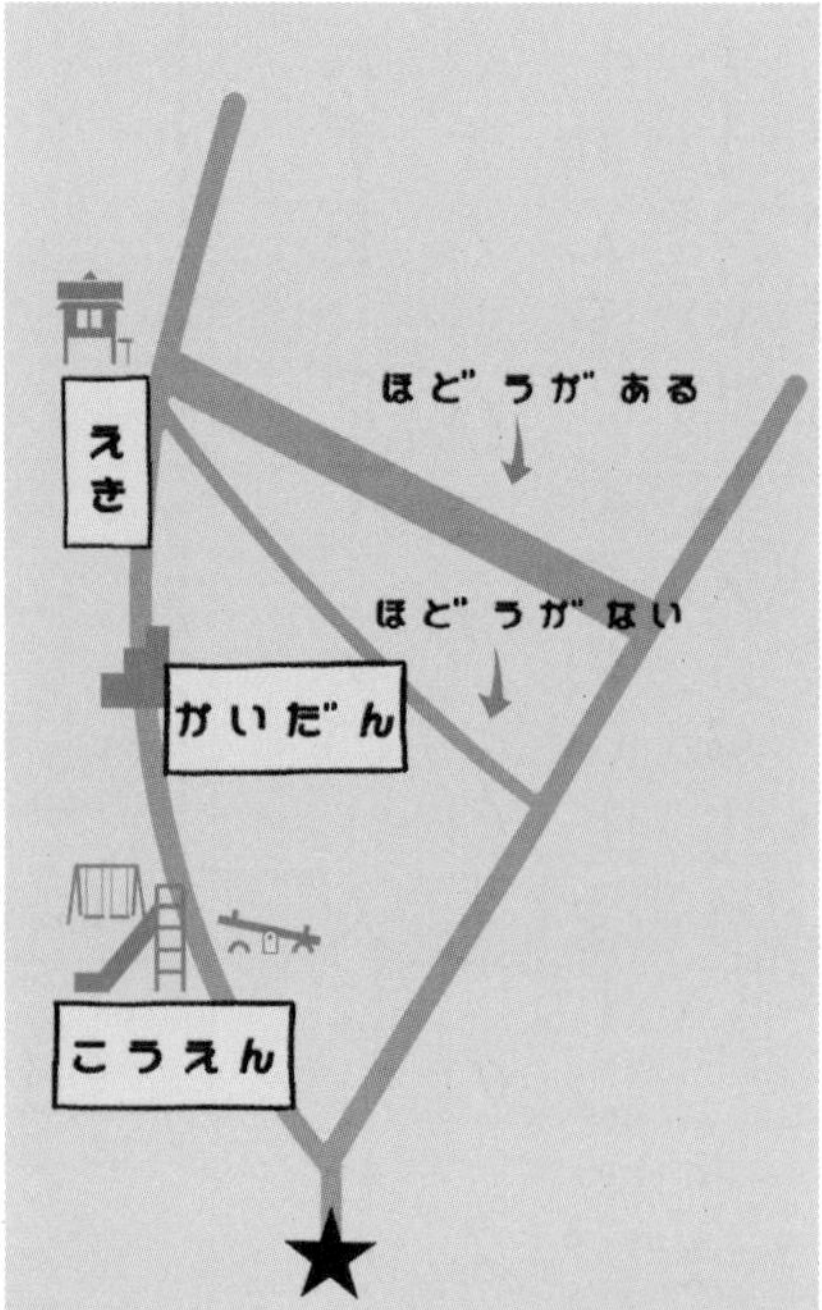

【ちゅういてん】 きゅうな さかみちは ありません。ただ、こうえんから えき に ぬける ところに、かいだんが 十《じゅう》だん あります。ほかは たいらな みちか、とても ゆるやかな さかです。

(1) みちかさんに なった つもりで、いそいで いる 中学生に みちじゅんを せつめいしましょう。(40てん)

(2) ベビーカーを おした 女の 人にも、えきまでの みちじゅんを せつめいしましょう。(40てん)

---

(3) 人に、みちじゅんを せつめいする ときに たいせつな ことは なんですか。あてはまる もの すべてに ◯を つけましょう。(20てん)

( ) ア わかりやすく せつめいする。

( ) イ あいての たちばに たって みちじゅんを かんがえる。

( ) ウ しらなくても しって いる ふりを する。

そうしあげテスト

1 つぎの 文《ぶん》しょうを よんで、あとの
といに こたえましょう。

そのときです。

ママは まどから 入《はい》って きた おばけを 見《み》つけたのです。「きゃあ。」

「あれは いったい なにかしら、あんな ものは、見た ことも きいた ことも ないわ。まさか おばけじゃ ないでしょうね。」

「そうです。わたしは おばけです。」と、おばけは こたえました。

「えっ、ほんとうに？」ママは こしを ぬかして しまいました。

しかし、みっちゃんは すこしも おどろかなかったのです。

「あなた、ほんとに おばけなの？」

「ほんとですとも。」

「あら、小《ちい》さな 目《め》が 三《みっ》つと、大《おお》きな お口《くち》が ついて いるわね。おばけさん、こっちへ いらっしゃい。」と、みっちゃんは おばけに いいました。

「おじょうさん、きみは ぼくが こわく ないの？」

「こわいどころか、かわいいわ。」といって、みっちゃんは おばけを □。


（きた もりお「よわむしな おばけ」）

(1) おばけの へんじを きいて おどろいた ママは どうなりましたか。（10てん）

（　　　　）

(2) おばけの かおは どのようでした

こたえ▼べっさつ22ページ

じかん 25ふん
ごうかく 80てん
とくてん 　　てん

か。（10てん）

（　　　　）

(3) みっちゃんは、おばけの　ことを　どう　おもいましたか。（10てん）

（　　　　）

(4) □に　あてはまる　ことばを　えらんで　○を　つけましょう。（5てん）

（　）ア　だきしめました。

（　）イ　おしのけました。

（　）ウ　とおざけました。

2 つぎの　文しょうを　よんで、あとの　といに　こたえましょう。（40てん／一《ひと》つ10てん）

ものがたりを　よむ　ことは、じぶんに　とって　プラスに　なる　ことが　たくさん　あります。

たとえば、しゅじんこうが　ともだちと　けんかを　して、なかなおりを　する　ものがたりを　よんだと　します。その　しゅじんこうの　たいけんを　とおして、じぶんが　おなじような　ことに　なった　ばあい、どう　したら　いいか、かんがえる　ことが　できます。

また、その　ときの　しゅじんこうの　気《き》もちを　よみとる　ことで、たにんの　こころを　□にも　なります。

だから、たくさんの　ものがたりを　よんで、いろんな　ことを　けいけんし、かんがえたり　かんじたり　しましょう。

(1) ものがたりを　よむ　ことの　よさを　しょうかいする　ために、どんな　ものがたりが　れいと　して

出《だ》されて　いますか。

（　　　　　　　　　　）

(2) □に　あてはまる　ことばを　えらんで　○を　つけましょう。

（　）ア　わかった　つもり

（　）イ　かんぜんに　しる　こと

（　）ウ　りかいする　れんしゅう

(3) ものがたりを　よむ　ことに　よって、プラスに　なる　こととは　なんですか。

（　　　　　　）ものがたりの　中《なか》の　ことを、

（　　　　　　）の　ことのように

（　　　　　　　　　　）

できること。

---

3 しを　よんで　こたえましょう。

こんやの　月《つき》は　おなか　いっぱい
こんやの　月は　おなか　ぺこぺこ
こんやの月は……あれ、いない？

(1) この　しは、月の　どんな　ようすを　たとえた　ものですか。よいものに　○を　つけましょう。（10てん）

（　）ア　まるくなったり　かけたり

（　）イ　ふとったり　やせたり

（　）ウ　のぼったり　しずんだり

(2) おなか　ぺこぺこ　とは、月の　どんな　ようすを　あらわして　いますか。えで　かきましょう。（15てん）

ひっぱると，はずして使えます。

小1

ハイクラステスト 読解力

こたえ

おうちの方へ

この解答編では，おうちの方向けに問題の答えや学習のポイント，注意点などを載せています。答え合わせのほかに，問題に取り組むお子さまへの説明やアドバイスの参考としてお使いください。本書を活用していただくことでお子さまの学習意欲を高め，より理解が深まることを願っています。

こたえ

ことばの がくしゅう

1 ことばあつめ

標準クラス

2~3ページ

1 (1)たい (2)すずめ (3)かさ (4)とまと (5)くつした

2 (れい)たい、いわし、めだか など

3 もつ、なげる、にぎる、つかむ

4 あひる、きりん、えんぴつ、さくらんぼ、つくえ

5 (1)4 (2)3 (3)2 (4)3

6 クレヨン、トラック、ページ、ラジオ、オルガン

7 (1)・(3)・(5)・(8)・(9)

8 (1)ボール (2)ピアノ (3)ワンワン (4)ライオン

9 (れい)フランス、ブラジル、インド など

指導のポイント

1 仲間になることばを考えてみます。(1)では、くだものの中に魚の名前が一つ入っているので、それが仲間はずれのことばです。

2 川や海で泳ぐ魚、または魚屋さんで売っている魚など、頭に思い浮かべて考えます。イメージすることが大切です。

3 手でする動作を考えます。自分が手を使ってできる動作をイメージしながら考えるようにしましょう。

4 「あさい」「とおい」は、様子や状態を表すことば、「とまる」「なく」は、動作を表すことばです。

5 正しい筆順で文字を書くように習慣づけましょう。

6 「ン」「ツ」「ジ」など、形のとりにくいかたかなの書き方に気をつけましょう。

7 外国から入ってきたことばはかたかなで書きます。

8 (3)のように、動物の鳴き声もかたかなで書きます。

9 外国の国の名前や、町の名前、人の名前も、多くはかたかなで書きます。ただし、中国や韓国などは、漢字で書きます。

ハイクラス

4~5ページ

1 (1)(れい)か、き、と、え など
(2)(れい)はし、とり、ふゆ、なす、さる など
(3)(れい)きりん、かもめ、さくら、すいか など
(4)(れい)にんじん、おとうと、にわとり など

2 たかい↔ひくい うえ↔した みぎ↔ひだり なく↔わらう つよい↔よわい まえ↔うしろ

3 ウ

4 (1)ガラガラ (2)バナナ (3)チューリップ (4)イソップ

5 ラッパ—らっぱ ゴロゴロ—ごろごろ クリーニング—くりいにんぐ ビスケット—びすけっと エプロン—えぷろん

6 (1)ピッチャー (2)グローブ (3)ヘリコプター (4)ジュース (5)アイスクリーム (6)トラクター (7)ヒヤシンス

指導のポイント

1 ことばを声に出すとともに、指を折って字数を数えるようにしましょう。

2 「たかい」に対して「たかくない」は、反対のことばではありません。

3 「さらさら」「ひらひら」などは物音を表すことばではないので、注意しましょう。

4 文の意味を考えて、あてはまることばを見つけるようにしましょう。

5 かたかなとひらがなとでは、字の形がちがいます。よく読んで同じことばを見つけましょう。

6 小さく書く字や、「゛」のつけ方、のばす音に注意して、形を整えて書きます。

アドバイス

ことばの仲間分けでは、共通点を見つけることが大切です。また、かたかなで書くことばには、

どんなものがあるかなど、ふだんからことば数をふやしていけるように心がけたいものです。

2 ことばの かきかた・よみかた

標準クラス 6〜7ページ

1 (1)きって (2)がっこう (3)ラッパ (4)バット (5)いしゃ

2 (1)でんしゃ (2)きゅうきゅうしゃ (3)きゅうり (4)びょういん

3 (れい) ちょっと、さっと、ペチャペチャ、ポッチャン、スリッパ、カッター など

4 (1)は (2)へ (3)を (4)わ、は、を (5)は (6)を

5 (1)へ、は、を (2)は、へ、を (3)を (4)を (5)は、は (6)を、を (7)へ

指導のポイント

1 マスの数に気をつけて、絵と見比べながら、ことばを書き入れましょう。

2 小さく書く字は、縦書きのときは、マスの右上に書きましょう。

3 様子や音を表すことばなどにも、小さく書く字のつくことばはたくさんあります。また、かたかなで書くことばもあることに注意します。

4 ことばをつなぐときの「は、へ、を」、ものの名前の「にわとり」の使い方などに注意しましょう。

5 助詞の「は、へ、を」の、どれを入れれば適当か、声に出しながら文を読んで書き入れていきます。

ハイクラス 8〜9ページ

1 (1)ぎゅうにゅう (2)ぎょうれつ (3)じゅんじょ、ならびましょう (4)じゃがいも (5)びゅうびゅう

2 (1)ちょっと、いって (2)ぎゅっと (3)しゅっぽっぽと、きしゃが

3 (1)ノルウェー (2)ニャーオ (3)ニュース (4)コップ (5)キャッチボール

4 (1)わたしは・がっこうへ (2)おかしを (3)にじを・のはらへ (4)わたしは・おもりを (5)えんそくへ・はなを (6)はなしは

5 (1)× (2)× (3)○ (4)× (5)× (6)○ (7)× (8)○

指導のポイント

1 マスの大きさからもわかるように、小さく書く字が入ります。

2 小さく書く字には「ゃ・ゅ・ょ」「っ」などがあります。何を入れるとよいか考えましょう。

3 かたかなで小さく書く字の問題です。外来語のほかに、(2)のような動物の鳴き声や音、様子を表すことばでも、かたかなで書くことがあることに気づきましょう。

4 助詞の「は、へ、を」は、ことばの下につきます。ことばの上につく「お」や、ことばの中にふくまれる「わ、え、お」などと見比べて、使い方を身につけましょう。

5 一つ一つのことばの下についたものが、助詞の「は、へ、を」になっているかよく注意しましょう。

アドバイス

小さく書く字は、ことば一つ一つを手で打ちながら声に出して数えた時、半拍しかありません。初めは、手拍子を打ちながら、ことばを声に出して言い、小さく書く字を見分けられるようにします。また、助詞の「は、へ、を」は、声に出すと「わ・え・お」となるので、区別がつきにくい傾向があります。ことばの下にくっついて、ことばとことばをつなぐはたらきをするということをしっかり覚えましょう。

3 ことばや 文の つなぎかた

標準クラス 10〜11ページ

1 ながい―くび　はやい―車
ふかい―うみ　たかい―山
かたい―いわ

2 山みち・本ばこ・手ぶくろ

3 (1)ほっと した。
(2)ほしを 見つけた。
(3)ごはんが たべたい。
(4)けがを した。

4 (1)ザーザー (2)うつくしい
(3)たのしく

5 (1)青い (2)小さい

(3)ながい (4)大きな

6 (1)これ (2)そこ (3)どれ (4)あれ

7 (1)この (2)あの

指導のポイント

1 上の段のことばは、下の段のことばをくわしく説明していることばです。「どのような〇〇」か、〇〇を説明するのに適当なものを選ぶようにします。

2 一つ一つ声に出して読んでみましょう。「山」と組み合わせられるのは「手」や「はこ」より「みち」です。こうして組み合わせたことばを消していけば残りのものどうしで、さらに見つけやすくなりますね。二つのことばを組み合わせると、下のことばのはじめの音がにごることがあることにも気をつけましょう。

3 原因と結果をつなぎます。上の段の事柄があったから、下の段の事柄・気持ちになった、というように考えましょう。

4 ものの様子をくわしく説明することばはたくさんあります。「なにが、どのように」と考えると見つけやすいでしょう。

5 「どんな・どれほど・どんなに」などと、説明することばが飾りことばです。

6 こそあどことばとは、「これ・それ・あれ・どれ」「ここ・そこ・あそこ・どこ」などのように、ものを指し示すことばで、話し手と聞き手からの距離によって使い分けます。

7 「この」「その」「あの」と次第に遠くなるにつれ、ことばが変わってきます。「この」はすぐ近くのものを指します。「あの」は遠くのものを指しています。

ハイクラス 12～13ページ

1 (1)ここ、どこ (2)そこ (3)あそこ

2 (1)ばしょを さして いる。 (2)ほうこうを さして いる。

3 (1)森が (2)ひどい (3)見ましょう

4 (1)すると (2)または (3)しかし (4)そして (5)さて

5 (1)ぱっと (2)ちらちらと (3)すっかり (4)ひらひらと (5)ドンドンと

6 (1)なぜなら (2)だから (3)でも (4)では (5)また

指導のポイント

1 四つのことばの距離感を考えましょう。近い順から「ここ」「そこ」「あそこ」です。(1)は位置関係が微妙なので、話している場面をイメージしながら考えましょう。

2 「ここ」は場所、「この」「これ」は、人や物・事柄を、「こっち」は方向を指しています。

3 〰〰を引いてある飾りことばは、下のことばを説明しています。下のことばと一つずつ結び合わせてみましょう。

4 (1)は結果を、(2)はどちらか選択を、(3)は反対のことを、(4)は時間の経過を、(5)は話題の転換を表しています。

5 飾りことばは、様子をくわしく説明するはたらきをするので、「どのように」を表すことばを見つければよいのです。

6 二つの文の関係を読み取りましょう。前の文に対して後の文は、(1)は理由、(2)は結果、(3)は逆のこと、(4)は話題の転換、(5)は追加を表しています。

アドバイス

いろいろな文章を読む際、ことばがどのようなはたらきをしているか知っておくことが必要です。

飾りことばは意味をはっきりさせたり、様子をくわしくしたりすることばです。

また「こそあどことば」は、自分や人の名前の代わりに使ったり、場所や方向を指し示したりします。また、他のことばについて、文と文をつないだり、意味をつけ加えたりする「つなぎことば」もあります。

4 ことばや きごうの つかいかた

標準クラス 14～15ページ

1 (1)イ (2)ア

2 いました。 きました。

3 (1)「ああ。これ これ。」 (2)「おや。なんだろう。」

4 か、か、か、です

5 (1)ひこうきは、 (2)ふねは、 (3)まり子さんが、 (4)さあ、

6 ・つかいます・はしですか・そうです

指導のポイント

1「…です」「…ます」は丁寧な言い方です。一方、言い切りの形や「…だ」は、ふつうの言い方です。

2「。」(句点)は、文のまとまりの終わりにつけます。よく読んで、「。」をつけましょう。

3 会話文に「　」をつけます。

4 たずねたり答えたりする時には、いつも、「どんなことばを使っているか」を考えるようにします。

5「、」(読点)の打ち方にはいろいろあります。読みやすくしたり、間違いをふせいだりするために打ちます。

6 文末の「。」がついていることばに着目します。

ハイクラス

16〜17ページ

1 (1)ぼくは　学校に　いきます。 (2)赤ちゃんが　ミルクを　のみました。

2 (1)イ (2)イ

3 (1)イ (2)ア

4「いけの　まわりを　あるいて　こよう。」と、おかあさんが　いいました。

5 (1)ウ (2)たろう (3)よ、の

指導のポイント

1 文末を、ふつうの言い方から丁寧な言い方に書きかえましょう。

2 丁寧に言おうとして、むやみに「お」などをつけるとかえっておかしいことになります。

3「いただく」は二通りの意味に使われます。よく読んで正しい意味を考えましょう。

4 会話の部分に「　」をつけます。下の「　」と同じマスに。をつけることを忘れないよう、注意しましょう。

5 この会話の中心になっているのは、たろうです。みんなの質問にたろうが答えているので、その応答の様子がよくわかるように、文末のことばを入れていきます。

チャレンジテスト①

18〜19ページ

1 (1)「ただいま。」 (2)「おかえりなさい。」 (3)「おはよう。」 (4)「うん、うん。」 (5)「バスが　はしって　いるわ。」

2 (1)で (2)の (3)を (4)が (5)は

3 (1)わたしは、おとうさんを　むかえに　えきへ (2)にわに　あさがおの・きれいに

4 (1)スカート (2)ストーブ (3)バット (4)ジャングル (5)チョコレート

5 ア

6 (1)犬です (2)花が (3)ふいた

7 (1)大きい・ずいぶん (2)やさしい

指導のポイント

1 声に出したことばはどれか、考えるとよいですね。「　」で対になっているので、一マスずつ使う記号であることと、必ず。が下の「　」と同じマスにつくことを忘れないように注意しましょう。

2 下にくることばで石につくことばが変わります。

3 助詞の「は、へ、を」の問題です。中に「きれい」を「きでい」と書き誤ったものがまじっているのに、注意して答えましょう。

4 のばす音の「あ・い・う・お」などは、かたかなでは「ー」と表します。また、「シ・ツ」「ン・ソ」の書き分けをはっきりするように注意します。

5 下の「　」の。のつけ忘れから、イは×ということがわかります。

6 ――のことばは、何の様子を表しているか考えましょう。

7 (1)大きいかさ、ずいぶん遠い、(2)やさしい人など、どのようなことばが続くか考えるとよいでしょう。(2)は、「青い」なら、飾りことばになりますが、「青」は、飾りことばにならないことに気をつけます。

アドバイス

丁寧な言い方には、いろいろあります。話す相手の人に対して、敬った言い方をすることばですが、「です」「ます」以外にも、「いらっしゃる」や「めしあがる」などの言い表し方があるので覚えておくとよいでしょう。

また、。や「　」のつけ方も使い方のきまりがあるので覚えます。ただ、は、人それぞれに打ち方が異なる場合もあるので、日ごろからいろいろな本を読んで、一般的な、の打ち方を身につけておきましょう。

ものがたり①

5 おはなしの だいたいを つかむ

標準クラス

20～21ページ

1 (1)おおきな きの した
(2)「どうぞの いす」とかいた たてふだ
(3)はなを せおっていた。
(4)いすに かごを おろして、ねて しまった。

2 (1)おかあさんが びょうきだから。
(2)・かたを たたいて あげる こと。
・なぞなぞごっこを して あげる こと。
・くすぐって、わらわせて あげる こと。
(3)たちまち げんきに なる。

指導のポイント

1 まず声に出して読みましょう。だれとだれが登場してきたか、それらの動物は、何をしたのか、その場面をイメージしながら読み、答えていきます。うさぎ、いす、木の下、「どうぞの いす」と書かれた立て札、ろば、「ひとやすみ」、かご、ねる…などのことばから、お話の大体（あらすじ）を読み取るようにしましょう。

2 (1)「…なので」と、おかあさんのために、いいことをしてあげたいと思う理由が書かれています。気をつけて読みましょう。
(2)「…ようかな。…ようかな。」と、あれこれ考えるりっちゃんの独り言が書かれています。続く「でも」は、逆接の接続語なので、その前に書かれている三つの事柄を書き出しましょう。
(3)りっちゃんの独り言から、いいことをしてあげると、びょうきのおかあさんも「たちまち げんきに なって」くれるのではと、りっちゃんが思っているのがわかります。

ハイクラス

22～23ページ

1 (1)(れい) てんきが いいから。
うすい くもは あるけれど、お月《つき》さんがおがめそうだから。
(2)お月さんへの おそなえもの
(3)大きな こえで、おこられる。
(4)おじいちゃんが こどもだった ころ(から ずっと つづいて いる)。
(5)こども、ぬすっと(どろぼう)

指導のポイント

1 (1)「山に ちかい ところに、うすい くもは あるけれど、…おがめそうです。」というところから、イメージしましょう。「お月さんが おがめそう」とは、「月を見ることができそう」という意味です。
(2)直前の段落に「山の むらでは、…なって います」とあることに着目しましょう。「お月さんへの おそなえもの」だけは特別にぬすんでもいいのです。
(3)直後に「ぬすみに いくと、…なっていました」とあるので、ぬすんでいいことになってはいるものの、「おこられる」ということに気づきましょう。
(4)直前に「それは、おじいちゃんが こどもだった ころから、ずっと つづいて いる」とあるように、「十五夜さんの どろぼうごっこ」は昔から伝わる伝統行事です。
(5)最後の二つの段落に注目します。村のおじいちゃんやおばあちゃんは、「こどもの ときに、…いないんだ」と「ほこらしそうに はなして」いることから、「十五夜さんのどろぼうごっこ」を村の誇りだと感じていることがわかります。

アドバイス

物語は、主人公を中心に、いろいろな事柄をからませながら、時や場面にしたがって書かれた文章です。

お話の大体をつかむには、あらすじをとらえる必要があります。

あらすじというのは、文章のあらましのことで、物語（小説）などで使うことばです。物語（小説）には、次の四つのことが、必ず書かれています。
・時……いつ
・所……どこで
・人……だれが
・できごと……何をした。どうなった。
あらすじを読み取るときには、この四つのことを落とさないように、文章の順を追いながらお話の大体を読み取ります。

一回読んだだけでは、なかなかうまく読み取れませんから、まず二、三回読んでみましょう。そして、そのときに、右にあげたような事柄や大切なことばなどに線を引いたり、ノートに書き出したりしておくと、まちがわないで読み取れます。

　また、段落ごとに分けて、大切なところを見つけ、それをもとに全体をまとめるようにすると、うまく読み取ることができます。

6 ようすを　そうぞうする

24～25ページ

標準クラス

1
(1)あした　おにごっごをする　やくそく
(2)くもり
(3)雨が　ふりだして　いないか　たしかめるため。

2
(1)はる
(2)雨［が］ふって　きた［と　おもった。］
(3)ビニールのような　まく（で　みを　まもって　いた。）

指導のポイント

1 (2)「そとは　すこし　うすぐらく、空は　くろい　くもに　おおわれて」と「雨に　なったら　いやだなあ。」から、外は曇っているが、今の段階では雨が降っていないことがわかります。
(3)「……ために　なんども　そとに　出て」の「ために」の前の部分に行動の理由が書かれています。

2 (2)こうちゃんがかけた水を、かたつむりはどのように勘違いしたのかが、かたつむりの独り言の「あれあれ……」以降に書かれています。
(3)かたつむりの独り言、「ふゆは　さむくて　かわいた　天気だから、……」以降に、寒さや乾燥からどのように身を守ったかが、具体的に書かれています。

ハイクラス

26～27ページ

1
(1)いのしし・あなぐま・うさぎ・とかげ・ねずみ・きつね
(2)(なにやら) こまった　ようす
(3)びょうきに　なって　しまったから。
(4)山の　ずっと　おくの　ほうに　びょうきの　なおる　森が　ある　こと。
(5)うさぎが　ふるえだしました。
(6)ひるでも　くらくて、こわい　ものたちが　いっぱい　いる　ところ。
(7)山の　どうぶつ　みんなで　森に　いこう。(といった)
(8)(れい) ねずみさんの　いう　とおり、いのししさんを　たすける　ために　みんなで　がんばるぞ。など

指導のポイント

1 (2)「どんな　ようす」の「どんな」の内容を考えます。いまの様子・状態をくわしく説明していることばを文中から探しましょう。
(4)「あなぐまが　いいました。」の前後の「　」が、あなぐまのことばになります。前の部分に、あなぐまがおとしよりから聞いていたことが、書かれています。
(5)登場人物の気持ちは、その人の行動・様子・ことばに表れます。うさぎの場合は、恐怖のあまり「ふるえだし」たのです。
(6)「うさぎが　ふるえだしました。」の前後の「　」がうさぎのことばになります。森がどんなところなのか、他人から聞いたことを信じているのがわかります。
(8)きつねはねずみの提案にしっかりうなずいています。その様子から、みんなでいのししを助けにいくことをきつねが納得し、提案に従う決意がわかります。

7 きもちを　そうぞうする

28～29ページ

標準クラス

1
(1)(れい) ふくろの　中に　はいって　いる　もの(は　なにか。) など
(2)ふくろに　あなが　あいて　いて　なかみが　こぼれて　しまったから。
(3)(れい) 花の　みちが　できたよ。うれしいな。

2
(1)こいが　つれて　いる　こと。
(2)(れい)（おしえて　くれて）ありがとう　など

指導のポイント

1 (1)「ふくろを　みつけました」「おや、なにかな」という言動から考えましょう。
(2)「しまった。」という、くまさんのことば

から、袋の穴から中身が全部こぼれ落ちていた様子を想像しましょう。
(3)「あたたかい　かぜが　ふきはじめました」から春の訪れが想像できます。長い冬をこしてきた動物たちの、花の一本道を見た時の喜びを想像しましょう。ふくろの中身は花の種だったのかなと推測する解答でもよいでしょう。

2 (1)つんつん、つつかれて気づくと、こいが釣れていました。このことから、知らせたかったことが何かわかるでしょう。他に「こいが　つりいとを　ひっぱって　いる　こと。」なども正解です。
(2)こいが釣れていることを知らせてくれたことがわかったので、おばあさんからの感謝のことばが入ります。

ハイクラス　30〜31ページ

1 (1)こえが　出なく　なる。
(2)絵・しゃべって　(3)こえどろぼう
(4)二年生に　なるまで、学校では　おしゃべりが　できなかった　こと。
(5)(れい)(あいこ先生も　おなじで)びっくりしたけど、あんしんしたなあ。など

指導のポイント

1 (1)冒頭での「しゅうへいはね、…出なくなるんだよ」という「やすおや　まゆみ」の発言に注目しましょう。
(2)「ほいくえんでも、…かいて　いたもんね」と「うちへ…しゃべるんだよ」の内容から、(　)に合うように書きましょう。
(3)——で区切られている部分が、しゅうへいが心の中で思ったことを表しています。
(4)学校に来ると声が出なくなるしゅうへいに対して、あいこ先生は「わたしと　おんなじ」と言って、なぐさめています。
(5)みんなと同じように「びっくり」しただけでなく、「ほっと」安心していることも読み取りましょう。

アドバイス

物語を読むときは、登場人物の「気持ち」を想像してみることが大切です。この登場人物の気持ちを、「心情」と言います。

物語には、必ず何人かの人物が登場してきます。それらの人物の気持ちや考えを読み取ることは、その作品を深く理解する上でとても大切なことです。

心情を読み取る上で、次のようなところは大切な手がかりとなります。

・人物の気持ちを直接表現したところ。

少年は肩をふるわせながら、じっと悲しみにたえていました。

・人物の態度・動作・表情から心情が読み取れるところ。

そして、冷え冷えするじゅう身を、ぎゅっとにぎりしめました。

(椋　鳩十「大造じいさんとがん」)

・人物の言ったことばやその調子(語調)。

「ごん、おまえだったのか。いつも、くりをくれたのは。」

(新美南吉「ごんぎつね」)

このような表現を手がかりに、自分なりに人物の気持ちを想像して読んでいくようにしたいものです。

さらに、自分だったらどうするかというように、想像しながら読むことも大切です。

チャレンジテスト②　32〜33ページ

1 (1)あしを　ふみはずしたから。
(2)おてらの　五じゅうのとう
(3)いなびかり・かみなり・大水
(4)ふろしき
(5)おしょうさん
(6)つなぎあわせ、みんなが　まわりから　ひっぱった。
(7)(れい)うわあ　たかいなあ。でも、ここに　いても　たすけに　きては　くれないし…。ええい、とびおりて　しまえ。など。
(8)①足　②村

指導のポイント

1 (1)踏み外す＝踏む所をまちがえる。
(3)「…やら、…やら、…やら」と、三つ並記しているところを読み取ります。稲光＝雷が鳴るときに出る火花。電光。いなずま。
(4)「のぼるには　たかすぎるし、つなをなげても　とどかない」という記述から様子を想像しましょう。

(5)ことばのすぐあとに「おしょうさんの さしず」とあります。指図＝命じてさせること。指示。言いつけ。
(7)五重の塔の高さを想像して、その上からとびおりたおけやの気持ちを考えましょう。

ものがたり②

8 ないようを かんがえる

標準クラス

34～35ページ

1
(1)おとうさん
(2)みんなを、にわの ながしへ あんないして くれた。

2
(1)白くて 小さくて まんまるな 石。
(2)三十分
(3)ススキ・ワレモコウ・(おさらに する) ホオノキの はっぱ

指導のポイント

1
(1)冒頭にある「はたけの しあげは おとうさんです」という一文に着目しましょう。
(2)「水どうは こっちですよ」と、しゅうへいがみんなを案内していることを読み取りましょう。

2
(1)「青みがかった…とんがった もの」はみんなが探しているものではなく、河原にあった石の具体例です。「おだんごらしい石」でも正解です。
(2)みんなは「三十分」もかけて、ようやく(1)のような目的、の石を見つけることができました。

(3)最後の段落に、石以外にもらってきたものが書いてあります。「ススキ」「ワレモコウ」「ホオノキ」はすべて、植物の名前です。三つとも、お月見に使います。

ハイクラス

36～37ページ

1
(1)くるみを さがしに いって いるから。
(2)はるくん＝(れい)やんちゃ・げんき など
ふうちゃん＝(れい)しんぱいしょう・しっかりもの など

2
(1)おかあさん
(2)こりすが ふわふわ 空へ あがって いった こと。
(3)ぞう・きりん・さる・わし
(4)(だれ)わし (なぜ)空を とぶ ことができたから。

指導のポイント

1
(2)はるくんは、ふうちゃんのことばも聞かずに出て行きますが、それには眠れなくてつまらないという理由もあります。したがって、「わがまま」「らんぼう」などのマイナス表現は避けましょう。ふうちゃんは、お母さんにだまってはるくんが出て行くことを心配して注意しているので、「しんぱいしょう」とも「しっかりもの」とも捉えられます。

2
(1)くまのふうせんやさんから、おかあさんがふうせんを買った、という事柄を、しっかり読み取るようにしましょう。

(3)「みんなが たすけに きました」の続きを読み、それぞれの動物がどのように助けようとしたのか、内容をきちんと把握しましょう。
(4)ぞうやきりん、さるとわしの特徴を比べて考えるようにします。

アドバイス

物語には主題や要点などについて、例を挙げて細かく説明している部分があります。そこから何を読み取ろうとするか、内容を深く考えるには、読み取りたい事柄はどんなことなのかをはっきりさせ、それが文章のどこに書いてあるかを見つけることが大切です。

それにはまず文や、文章の前後のつながりに気をつけて読むことが大切です。

次に指示語（こそあどことば）に気をつけて読みましょう。

指示語というのは

これ・それ・あれ・どれ
この・その・あの・どの
こちら・そちら・あちら・どちら

などです。

これらのことばが、文章の中で、何を指し示しているかを正しく読み取ることが大切です。そのためには、指示語（例えば「それ」）と、指示する内容に当たる部分を置き換えて確かめるのも一つの方法です。

また、語句の意味も正しく理解しましょう。同じ語句でも、いろいろな意味に使われることが多いので、文脈にそって最も適切な意味を読み取るとともに、人物の気持ちの書き表し方にも気をつけて読むようにします。

9 だいじな ことを よみとる

標準クラス 38〜39ページ

1 (1)・そりを しっかり おさえて こうすけを のせて くれたこと
・(たいらな ところで) そりを ゆっくりと ひいて くれたこと など
(2)ほっと して、すべり はじめた。

2 (1)くろくて ほそくて、ぴかぴか ひかった つえのような かさ
(2)ぬれた まま あるいた。
(3)かさが ぬれるから。
(かさが ぬれるのが いやだったから。)
(かさを ぬらしたく なかったから。)
(4)とても たいせつに おもっている。

指導のポイント

1 (1)二文目の「たいらな…ひきました」もおとうさんがしてくれたことです。
(2)こうすけのようすを見て、二人もすべり始めたことに着目しましょう。

2 (1)「とっても りっぱな かさ」だけでは正答とは言えません。具体的な記述に目を向けましょう。
(4)普通の人とは違う行動を取るおじさんの気持ちを想像してみましょう。

ハイクラス 40〜41ページ

1 (1)あき (2)うれしそうに(たべる。)
(3)たべる ぶんより いつも よけいに どんぐりを うめる ところ (4)はる
(5)どうぶつたちが どんぐりを たべる かわりに、どんぐりの たねを すこし うえて くれて いるから。

指導のポイント

1 (2)「どんな ようすで たべますか」とあるので、「たべる」をくわしく説明していることばを、本文から探しましょう。
(3)「でも、どうぶつたちは よくばりで、……」以降に、どんなところがよくばりか、具体的に説明されています。
(5)本文の最後の一文に、「どんぐりが たべられるのを、どんぐりの 木たちが うれしそうに 見て いた わけが これで わかったでしょう」とあります。その文の前の部分に理由が書かれています。その中でも「つまり」という説明の接続詞がある一文に着目しましょう。

アドバイス

主題とは、文章を書いた人が、その文章から、読み手に読み取ってほしいと思っている、お話の中心になる大事な内容のことです。ねらいと言ったり、文意と言ったりすることもありますが、どれも同じことを言っています。

(1)主題の表れ方

主題はあらすじ（いつ、どこで、だれが、何をした）とはちがいます。しかも、文章のおもてに出ないで、文章の中にかくれていることが多いですから、次のようなことを通して読み取っていくのがよいでしょう。

(2)主題の読み取り方

①後で感想が書けるように、しっかりと全文を読む。
②感想をまとめる。
③なぜ、そのような感想を持ったのかをさぐるつもりで何度も読む。
④題名について考えてみる。どうしてこの題名がつけられているかを考えてみる。
⑤それぞれの段落に、主題の表れているところ、主題の読み取れるところはないかを考える。
⑥物語では、登場人物や作者の「気持ち」が主題になることが多い。登場人物や作者の「気持ち」の変化を読み取る。

主題を読み取るためには、以上の点に気をつけて、何回もくり返して読むことが必要です。

チャレンジテスト③ 42〜43ページ

1 (1)(れい) すずめが、べんとうを たべて べんとうの なかで ねて いた こと。など
(2)ねむりこけて いる すずめが あんまり かわいいから。
(3)[じいに] あまえる [ようす。] (4)あまやかす
(5)せんたくものに つける のりを すずめが なめて いたから。

(6)すずめの　したを　はさみで　きりおとし、ほうりだした。
(7)(れい)いじわる・おこりんぼう　など

指導のポイント

1 (1)じいは、すずめがべんとう箱の中にいたこと、そのすずめがべんとうを食べてしまっていたこと、この二つが重なって「たまげて」いるのです。
(3)ばあは、すずめがじいの肩に乗ってあまえる様子などに、「ふん、なにが　おちょんだ」と言っています。ここから、ばあがすずめに嫉妬して、ふくれていることがわかります。
(4)(3)にあるように、すずめがあまえるのを許していることを、「じいが　あまやかす」からだとばあは思っているのです。
(5)「ばあは、おこった　おこった」の前の部分に、ばあの怒った理由が書かれています。
(6)怒ったばあは、すずめに対して、二つの罰を与えています。「したを　きる」「ほうりだす」の二点をきっちりと書きましょう。
(7)すずめに対して広い心が持てず、怒ったあげくに、罰まで与えます。他にも「おこりっぽい」「ざんぎゃく」などが当てはまります。

せつめい文

10 じゅんじょに　きを　つける

44～45ページ

標準クラス

1 (1)ほしがき
(2)なれると、手の　ほうが　早く、できあがりの　かたちが　きれいだから。
(3)なわ

2 (1)①「はじめに、」ウインナーを　いためる。
②「つぎに、」(ほそく　きった)キャベツを　(フライパンで)いためる。
③「さいごに、」(はんぶんに　きった)ロールパンに　キャベツと　ウインナーを　はさむ。
(2)(ひょうめんに)　こげめが　つくぐらい。
(3)しおと　こしょうを　入れる　こと。
(4)(かくしあじに)　カレーこを　入れる。

指導のポイント

1 (3)干し柿を作る手順を読み取りましょう。「かきの　かわを　むきます」「かきを　なわで　つないで　いきます」とありますが、たくさん作るときは、なわだけでは足りないので、「ひもも　つかいます」とあります。

2 (1)「はじめに」「つぎに」「さいごに」ということばに注目し、順序を追っていきましょう。
(4)塩こしょうを入れてキャベツを炒めることの後に、「かくしあじに……いっそう　おいしく　なります」と書いてあります。

アドバイス

説明文とはある事柄や、ものなどについてわかりやすく説明した文章です。

説明文は読み手にわからせるための文章ですから、次のような特徴があります。
・話題がはっきりしている。(文題や文章の初めに示されていることが多い。)
・文章の構成がはっきりしている。
前置き・本文・まとめ
・説明のための事例や事実と、筆者の意見とが書かれている。

また説明文を順序に気をつけながら読み取るには、次のような手順で行うとよいでしょう。
①話題をつかむ……何について述べようとしているかを正しくつかむ。
②文章全体を大きく次のように分け、大体の内容をつかむ。
前置き……→問題を示す
本　文……→くわしい説明
まとめ……→説明のまとめ
③小さな段落に分け、段落ごとの要点を読み取る（「この」・「その」などの指示語にもよく注意する）。語句の意味なども調べる。
④段落と段落との関係を確かめる(事実と意見、原因と結果など)。表や図に書き表すのもよい。
⑤まとめの部分を正しく読み取る。
⑥段落の要点をつないで、文章全体の要旨をとらえる。
⑦よく読み返し、読み取り方にまちがいがなかったかどうかを確かめる。

どんな文章でも、正しく理解しなければなりませんが、とくに説明的な文章では、順序よく正確に読み取ることが大切です。

ハイクラス 46～47ページ

1 (1)ふうりん (2)かみコップ・糸
(3)①あな ②糸 ③糸、りょうはし
④(じゆうに) かざりつける
(4)音が するように なる。

指導のポイント

1 (1)この文章は、「あなたは、ふうりんを つくった ことが ありますか」という問いかけで始まり、「いちど じぶんだけの ふうりんを つくって みませんか」という呼びかけで終わる、「(自分で作る)ふうりんの作り方」について書かれたものであることを読み取りましょう。
(2)「…を じゅんびします」ということばに着目しましょう。「まず」ということばで「かみコップ」を挙げて、「つぎに」ということばで「糸」を挙げています。
(3)「まず」「つぎに」「さいごに」の、順序を表すことばに着目して、( )にあてはまることばを抜き出しましょう。ただし、④は①～③の文末に合わせて、「かざりつけます」ではなく、「かざりつける」にしましょう。
(4)「さいごに」で始まる段落に、「すずをつけると 音が するように なります」とあります。

11 まとまりごとに よみとる

標準クラス 48～49ページ

1 (1)ちきゅうの 上の 水が ながれる[みち]。
(2)上、下
(3)ゆき・こおり・つらら

2 (1)とても こわがりな せいかく。
(2)

	こうどう	りゆう
手を ちかづけた とき	「フシュフシュ」と こえを 出し、せなかの はりを 立てる。	大きな てきが きたと おもい、びっくりして いるから。
もの音が した とき	せなかの はりを 立てて ふるえる。	耳が よいので、小さな 音でも 大きく きこえて しまうから。

指導のポイント

1 (2)「どのような ほうこうで」とあるので、「山」や「おか」などは一括りにして「上」と置き換えましょう。
2 (2)本文では、人間からの働きかけや、何か起きたときに対するはりねずみの行動が述べられたあとに、その行動をとる理由が書かれています。

ハイクラス 50～51ページ

1 (1)その とちの どろの いろ
(2)[シロサイ](まえから 見て)口が たいらで ひろい。
[クロサイ](まえから 見て)口が とがって いる。

2 (1)小さい、はげしく、はやく
(2)おもい かもつれっしゃを ひっくりかえしたり、大きい トラックを とおくへ ふきとばしたり する ひがい。
(3)・でん気を おこす こと。
・水を くみあげる こと。
(4)・よごれた まちの くう気を 入れかえる はたらき。
・たちこめた きりを とりのぞく はたらき。

指導のポイント

1 (2)シロサイかクロサイかは、からだの色では見分けられず、また、しっぽもそっくりだから見分けられないと、本文の前半に書かれています。そして、後半に見分け方が続きます。
2 (2)「どんな ひがい」とあることから、「おそろしい」や「こまった」という表現ではなく、具体的に詳しく説明している部分を探しましょう。

(3)プロペラや風車を回して、風が暮らしに役立つことを述べている部分を探しましょう。
(4)自然の風が起こす、暮らしに役立つ風のよい働きを述べている部分を探しましょう。

アドバイス

文がいくつか集まって、意味のまとまりをつくっているものを「段落」と言います。つまり、文→段落→文章の順に、大きなまとまりになっていくわけです。
この段落をまとまりごとに読み取っていくには、次のような方法があります。
①話題を見つける。
見つけた話題について、「どんなこと」が「どんな順序」で述べられているか読み取る。
②「つづきことば」に注意する。
内容のまとまりごとの切れ目を見つける手がかりとなる。
③図表に表す。
事実・意見など、図表に表して整理してみると、まとまりがはっきりする。
④小見出しをつける。
段落ごとに小見出し（小さな題）をつけてみることも、全体をまとめるのに役立つ。
段落の中心になることばや、文を抜き出すことも大切である。

12 つづきかたに きを つける

標準クラス 52～53ページ

1 (1)サル、ヒト、おやゆび、むきあわせる
(2)おやゆびの つけねの（大きく もり上がって いる）きんにくの かたまり。

2 (1)つまり
(2)①（うちがわに おれまがる）フォーク
②おやゆびを、ほかの ゆびと むかいあわせる こと。
（ものを にぎる こと。）

指導のポイント

1 (1)こそあどことば（指示語）の問題です。指示語は、すでに出てきた内容を指します。何を指しているのか、ことばをあてはめて考えましょう。
(2)「この きんにくの かたまりが、…うごかして いるんだ」とあるので、「この」が指す内容を明らかにして答えましょう。

2 (1)文の続き方を考えると、「しかし」や「ところで」などの逆接や話題転換のことばは入りません。あてはまることばは、前の内容を説明・補足する「つまり」です。
(2)「…のようだ」は、たとえを表す表現です。クマの手は、フォークのように、するどいかぎづめを持つ五本の指が並んでいて、人間のように物をにぎることはできないのです。

ハイクラス 54～55ページ

1 (1)つくった (2)もし
(3)下に おちないで、ずっと 空に ういていれば、いえる。

2 (1)て、も、に
(2)りくの 二ばい いじょうも 大きい。
(3)ア

指導のポイント

1 (1)「たこを [あ] ことが ありますか」という問いかけに対して、次の段落に「たこなんか むつかしくて つくれないよ」と 仮の答えが書かれています。ここから、「つくった」が入ることがわかります。
(2)前の段落には、風に「木のは」が吹かれて、舞い上がったことが書かれています。それに続いて、「木のは」に風を当て続けることによって、たこのように浮かぶ可能性をこの段落では述べています。したがって、仮定を表す「もし」が入ることがわかります。また、「もし～おけば」と対応しています。

2 (3)前の段落に、陸をならすと「八五〇メートルの たかさ」、海をならすと「三七〇〇メートルの ふかさ」とあります。したがって、陸の土や岩で海を埋めようとしても、埋められず、深い海だけになることがわかります。

アドバイス

段落を分けるときに注目するものには、段落

と段落とのつなぎことばである接続語や、こそあどことば（指示語）があります。どういう接続語や、こそあどことばが使われているかによく気をつけて、前と後の段落を分けるかどうか、続き具合を考えます。

また、書かれている事柄や、お話の筋の進み方を、図や表に書いてみると、段落の切れ目や続き方がよくわかります。

そのほか、お話の場面や、時や、人物、説明してある事柄の中身などによって分けていく方法も考えられます。しかし、なんといっても、くり返し文章を読んで、内容をしっかり読み取ることが大切です。

さらに、一つ一つの段落を調べるには、一つの段落の中にある、大切なはたらきをしていることばや、まとめた言い方をしている文があるので、そういうことばや文を見つけます。

ただし、一つ一つの段落をくわしく調べただけでは、文章全体を読み取ることにはなりませんから、段落を中心に全体の組み立てを調べることが大切です。

そのために、段落と段落とのつながりを調べます。前の段落の続きであるとか、前の段落をいっそうくわしく説明しているとかいうように、そのつながりや、関係を調べるのです。

13 だいじな ことを よみとる

標準クラス

56～57ページ

❶ (1)草・木・こんちゅう・どうぶつ
(2)たいようの ひかりと ねつ

❷ (1)イ
(2)（こんちゅうは）小さい うえに とても すばやく うごきまわるから。
(3)その むしが どんな いろや かたちを して いるのかと いう こと。

指導のポイント

❶ (1)第二段落には「草や 木」、第三段落には「こんちゅうや どうぶつ」が挙げられています。
(2)第三段落の最後の一文に「生きものは ぜんぶ、たいようの ひかりと ねつの おかげで 生きて いる」と書かれています。

❷ (1)最初の一文に、昆虫はあらゆるところで動き回っていることが書かれ、また、魅力的だと述べられています。
(3)「その まえに まず、……しる ことが ひつようです」とあることから、この部分に「しって おいた ほうが いい こと」が書かれていることがわかります。

ハイクラス

58～59ページ

❶ (1)けがわを とる ため。
(2)ラッコに たべられなく なったから。
(3)（れい）ふえすぎた ウニが かいそうを たべつくしたから。
(4)えさと して たべたり、すみかに したり、たまごを うんで 子どもを そだてたり する たいせつな ばしょ。
(5)小さな さかな・かい・イソギンチャク・ウニ
(6)つぎつぎと きえて しまった。
(7)その ちいきの いのちの つながりの「かぎ」を にぎる やくわり。
(8)にんげん・つながり

指導のポイント

❶ (2)まず、ラッコが海から消え、その影響でラッコのエサだったウニが増えたと書かれています。
(4)小さな魚や、貝やイソギンチャクにとって、海そうはいろいろな役割を果たす大切な場所であったことが書かれています。
(6)第三段落に、ラッコがいなくなった後、その地域の生きものがどうなったかが書かれています。
(7)第三段落・第四段落に、ラッコがその地域の生きものの命とどういう関係性であったかが、書かれています。
(8)人間が毛皮をとるために、ラッコを乱獲したことで、ラッコが消えてしまい、生きものたちの命のつながりをも切ってしまう結果になりました。したがって、その人間が生きものたちにどう接するかが今後の課題になります。

アドバイス

文章の要点というのは、その文章にとって、最も大切な部分のことですから、どこが大切で、どこが大切でないかを見分けていくことが必要です。

・要点のとらえ方……要点をとらえるには、次のようなことに気をつけて文章を読んでいきます。

①何のこと、どんなことが書いてあるかを考えながら全体を読みます。

②どんなに長い文章でも、本筋のところと、説明のところに分けることができます。また、本筋のところと、説明のところとは、段落を変えて書かれているのがふつうです。どの段落に本筋のことが書かれているかを見つけるようにします。

③本筋のことが書いてある段落を見つけたら、次は、その段落の中の大事なことばや、文を見つけます。

（例）　飛行機雲とは、いったいなんでしょう。それは、飛行機が空を飛んだために新しくできた雲なのです。飛行機が空にうかんでいる雲を引っぱったものではありません。その証拠に、飛行機雲は、雲一つない空にもできることがあります。

　この文章の要点は、「飛行機雲は、雲である」ということです。

　このようにして、読み取った内容を、「何が何だ」「何がどうだ」というような形で短くまとめていきます。

チャレンジテスト④　60～61ページ

1 (1)

	たとえ	はたらき
まえば	のみ（のような）	ごちそうを　こまかく　きったり、ちぎったり、きざんだりする。
おくば	うす（のような）	ごちそうを　すりつぶし、くだく。

(2)ごちそうを「は」で　こまかく　ちぎって、すりつぶさなければ　ならない。

(3)からだが　やせて　よわく　なって　しまう。

(4)のこりかす、ばいきん、さん、とかし

指導のポイント

1 (2)第四段落に、ごちそうをこまかく　ちぎって、すりつぶさないと、「えいよう」にはならないことが書かれています。

(4)第八段落以降に、「のこりかす」がどのように虫歯に変化するかがくわしく書かれています。この部分をまとめましょう。

14　ようすを　そうぞうする

標準クラス　62～63ページ

1 (1)あめ　(2)あめあがり・にじ

(3)イ

2 (1)こいし（の　かたちが　グー）だから。

(2)もみじ（の　かたちが　パー）だから。

(3)どちらも　かになので　チョキしか　ださないから。

指導のポイント

1 (1)たくさん雨が降ったことを、この詩では「いっぱい　ないた」と人間の感情にたとえて表現しています。

(2)「あめあがりの　にじ」のことを、この詩では「こころが　はれました」と人間の感情になぞらえて表現しています。

(3)泣いて心が晴れたということから、悲しみを乗り越えたことがわかります。

2 (1)・(2)じゃんけんのグー、チョキ、パーはそれぞれ、石・はさみ・紙を表していることを知っておきましょう。

(3)作者の名前から、主人公がさわがにだということがわかります。さわがにたちが、じゃんけんをしている様子を楽しく想像しましょう。

ハイクラス　64～65ページ

1 (1)イ　(2)えりかきあわせ

(3)ア

2 (1)ア

(2)大きな　にもつ（えさ）を　はこぶ　こと。

(3)ア

指導のポイント

1 (1)土を掘り返している様子は、この詩から

は読み取れません。したがって、「もっこもっこ」は、イの、日ごとに成長して、たけのこが土からかおを出す「うまれた」様子を表す擬態語と考えられます。
(2)たけのこが皮を重ねている様子を「えりかきあわせて」と表しています。そのようなたけのこを見たことのない場合は、図鑑などで調べることも大切です。
(3)たけのこが成長している様子をうたった詩ですから、元気よく読みたいところですが、土からかおを出したたけのこの眠りがまだ完全に覚めていない様子を想像しましょう。「まだまだ　ねむたい」との記述もあるので、アの方が適当と考えられます。

2 (1)詩全体にありが前向きに頑張っている様子が描かれています。
(2)「ここでは」とあるので、詩を読んで考えましょう。「にもつ」を具体的に「えさ」などと書いてもいいでしょう。
(3)ありが「ならんで　あるいて」いるところを詩にしています。したがって、地上でありの行列を観察していることがわかります。

アドバイス

感動があって詩になるのですから、詩は理屈で読んではいけません。作者の感動の中にとけこんでゆくのがよい味わい方です。

詩に出てくるさまざまな擬音が何の音なのか、詩のことばを一つ一つ心にたたきこむようにゆっくり読み、詩の内容を知るとともに、作者の感動を自分の心にうつすことが大事です。

詩の内容上の分類としては、次のようなものがあります。
①叙情詩…作者の感動や気持ちを作者のことばで表現したもの。詩といえば叙情詩を指す場合が多い。
②叙事詩…社会的・歴史的事件や英雄の功績を人に話しかけるようにうたった詩。
③叙景詩…景色の中に美しさを見いだし、ことばを用いて写生したもの。

詩の鑑賞では、まず季節、場所、作者の立場を考えます。詩にうたわれている季節や場所を考え、作者はどうしているのだろうかと、そこに自分を置いて読み取ってみましょう。

(注)詩には「連」があります。文章でいう「段落」のようなもので、詩の中のまとまりを言います。

15 ことばを　たのしむ　し

66～67ページ

標準クラス

1 (1)①いくちゃん　②あまがえるさん
(2)①てるてるぼうず　②ふるふるぼうず
(3)①あしたは　てんきに　なって　(はれて)　ほしい。
②あしたも　(雨が)　ざんざか　ふって　ほしい。

2 (1)(あ)のはらの　(い)ほんとに
(う)よしのめ　(え)ろんろん
(2)(お)つくしんぼ　(か)もんしろちょう
(き)めだかの　こ

指導のポイント

1 (3)人間とかえるとの考え方の違いを楽しく表現した詩です。人間の立場とかえるの立場で書かれています。

2 (1)五十音にしたがって、「なにぬね」の次は「の」から始まることば、「はひふへ」に続くのは「ほ」から始まることばというように、あてはまることばを見つけていきます。
(2)あてはめることばの、すぐ上のことばを見ます。「そろった」「とんでる」「ものかげ」、これらのことばから連想される、春にふさわしいことばを探していくとよいでしょう。三つ目の「ものかげ」の「も」は「藻」のことで、「水中にはえている植物」を表しています。

ハイクラス

68～69ページ

1 (1)いけ　(いけ　しずこ)
(2)(れい)　①こいしが　いけに　なげこまれた　おと。
②いけの　さかなが　いきを　した　おと。　など

2 (1)ぞう・かば・ぶた
(2)ないしょのように　おまけのように　おっこちないように　ついて　いる。

3 (1)①おもちゃの　おかね
②でんしゃの　きっぷ
(2)イ

指導のポイント

1 詩の作者が「いけ　しずこ」であること、詩に出てくる擬音（＝「いろんな　おと」）が水の音であることに着目しましょう。

(2)水の中にどんなものが落ちたら、あるいは、水の中でどんなことがおこったら、どんな音がするだろうかと、想像をたくましくして、自由に考えましょう。

2 (2)「しっぽで」のあとに、「…のように」という表現が三つあります。

3 (2)一行目の「きの　はっぱ」に対応させたり、「おちば　おちば」ということばと語呂がよいことを考えたりするとよいでしょう。

アドバイス

詩は、作者が目や耳にしたり、感じたりしたことで、特に心を強くゆさぶられたこと、伝えたいことを、自分のことばや自分の調子で短く書き表したものです。したがって、詩の一つ一つのことばにひそんでいる作者の感情や気持ちを考えます。そして、ことばの意味を正しくとらえ、ことばの持つ多様な意味からくる面白さやリズム感などを感じ取りましょう。

　ことばあそびの詩には他にも、谷川俊太郎や、まど・みちおの詩など、たくさんあります。読んでみるといいですね。

16 リズムを　かんじる

標準クラス　70～71ページ

1 (1)ウ

(2)（ぶどうを）たべた　こと。

(3)（れい）ぶどうの　みと　みが　びっしり　すきまなく　たくさん　ある　ようす。など

2 (1)（七）・五・七・（七）

(2)りす

指導のポイント

1 (1)おさらにいっぱいの、ぶどうの様子を思い浮かべましょう。

2 (1)七五調のリズムは、俳句や和歌などの形式でも用いられている、リズム感のある、ことばの並べ方です。

(2)「ちいさい　てのひら」「まえば」「くるみ」「ふかふか　しっぽ」などのことばから、どの動物が適当かを考えます。

ハイクラス　72～73ページ

1 (1)イ　(2)ア

2 (1)ウ

(2)（れい）ひらひらと　とぶ　うごき。など

3 ①あおぞらの　くも

②なのはな

指導のポイント

1 (1)おたまじゃくしが赤ちゃんのように泣くかわりに、体を水の中でふるわせている様子をうたっているのですから、赤ちゃんのようにかわいく、小さな体をかろやかにふるわせていることがわかるように読みましょう。

(2)①「おたまじゃくしは…ないね」という投げかけに対して、②「おたまじゃくしは…だよ」と答え返しているわけですから、はきはきと読みたいものです。

2 (1)予想外の行動をとるちょうちょうに対しての呼びかけです。ウのような感じで、読むとよいでしょう。

(2)ちょうの飛ぶ様子を表す擬態語の「ひらひら」と「アラ　アラ」を重ねているのですね。

3 色合わせで考えます。また、それぞれ、五・六行目と七・八行目に書かれています。

アドバイス

詩は、形の上から次のように分類できます。

・定型詩…音の数が、七音・五音などのくり返しでできている詩。

・自由詩…音数にこだわらず、感じたことを自由に言い表している詩。

・散文詩…散文の形式で書いた詩。詩のリズムが最も静かで表面に表れず、作品のおく深くしずんでいる。書き表し方も短い行でなく、ふつうの散文に近いものになっている。

詩の味わい方として詩のリズムを感じることは大切です。定型詩は形の上から、はっきりしたリズムがわかります。自由詩は内容からくる意味や感情がリズムになるため、意味の変わり方や表現に注意して読まなければならないので気をつけましょう。

　句点や読点の打ち方、ことばの使い方、「行」や「連」のつながり方などに注意して、表現に見られる「リズム」をとらえましょう。

チャレンジテスト⑤　74〜75ページ

1 (1)ぞうさんの　なみだ・かばさんの　むしば
(2)かえるの　おなか・ありさんの　にもつ
(3)めだかの　あくび
(4)くじらの　くしゃみ
(5)くじらの　くしゃみ
(6)めだかの　あくび
(7)ウ

指導のポイント

1 (5)「おおきくって　おおきい」という表現に着目します。
(6)(5)と同様に「ちいさくって　ちいさい」という表現に着目します。
(7)この詩は、動物の大きいものや小さいものを集めているわけですから、アの動物自体の比べっこではありません。またイの大きさだけを比べているわけではなく、大きいと思っていたものが小さかったり、小さいと思っていたものが大きかったりという表現に楽しさがあるので、ウが適当です。

いろいろな文しょう

17 にっき

標準クラス　76〜77ページ

1 (1)七月　十五日(土よう日)　(2)くもり
(3)一つ　(4)おかあさん

2 (1)かけっこ
(2)(かけっこで)　三とうに　なったから。

3 (1)はるかさん・あい
(2)はねつき・かるたとり
(3)(わたしが　ついた)　はねが　やねに　あがって　しまったから。
(4)かるたとりを　するのは　はじめてだったから。

指導のポイント

1 日記には、月日・曜日・天気などが書かれているので、見落とさないようにしましょう。

3 (1)「わたし」が、この日記の書き手である「あい」だということをしっかり把握しておきましょう。
(3)「だから　あきらめて…」ということは、つまりその遊びをやめたということです。
(4)「…なので、〜ませんでした」という「原因→結果」の表現に着目しましょう。

ハイクラス　78〜79ページ

1 (1)十一月　八日(月よう日)
(2)①こうえんの　入り口、もみじ
②大きな　いちょうの　木の　下、いちょうの　は
(3)おみせやさんごっこ

2 (1)さんぽ　(2)かわら
(3)(雨の　あとで、)　川の　水が　にごっていたから。
(4)・「水が　のみたい。水が　のみたい。」と　いって　ほえました。
・つなを　ひっぱって、川の　中へ　入って　しまいました。
・おいしそうに　水を　のみました。

指導のポイント

1 (2)「はじめに」「それから」などの順序を表すことばに気をつけます。

2 (2)河原を歩いていたら、マルがほえだしたことを読み取りましょう。
(3)「水が　のみたい。」とほえるマルに、「それで、ぼくは、『だめ、だめ。』と言ったのですから、「それで」の前に理由が書かれているはずですね。

アドバイス

日記は、一日をふり返って、どのようなできごとがあったか、それに対し、自分はどう考えどのように行動したかについて書きとめておくものです。

日記の読み方は、次のように行います。
①筆者が特に強く感じたことは何であるか考える。
②どのことばで、それがわかるか調べる。
③どんなできごとがあったか、その様子を思い浮かべる。
④筆者が感じたことや意見から、性格や人柄を考える。

18 手がみ

標準クラス 80～81ページ

1 (1)ゆうな(から)　おかあさん(に)
(2)学げいかい
(3)学げいかいの　けいこ
(4)「ねこの　すず」の　げき
(5)ア

2 (1)そうた(から)　こうすけくん(に)
(2)(そうたの)　おかあさん　(3)ウ
(4)かどの　はなや(の　ところ)

指導のポイント

1 (1)最初に、「おかあさんへ」とだれにあてた手紙かわかるように書かれています。また、差出人は最後に書くようになっているので、この手紙は、ゆうなからお母さんへのものということになります。
(3)「きょう、学校で、その　けいこを　しました」とあります。「その」が指す内容を明らかにして答えるようにしましょう。

(5)この手紙は、招待状あるいは案内状にあたるものです。したがって日時・場所など、詳しい情報を相手に知らせる必要があります。

2 (3)そうたの手紙のなかで、お母さんは「あそびに　いっても　いい」と許しているのですから、こうすけ君からの手紙は、「誘い」・「招待」の内容だったことがわかります。これに該当するのはウしかありませんから、ウが答えになります。

ハイクラス 82～83ページ

1 (1)まな　(2)あした
(3)かけっこ・ゆうぎ・だるまはこび
(4)イ

2 (1)なつみさん　(2)えり　(3)ウ　(4)イ

指導のポイント

1 (4)最後の文の「きっと、見に　きて　くださいね」から、まなの意図をくみとりましょう。

アドバイス

手紙の種類には、次のようなものがあります。
(1)　用件を伝えるもの
①注文する手紙
②依頼する手紙
③問い合わせの手紙
④招待の手紙
(2)　気持ちを通じ合わせ、交際を深める社交の手紙
①お礼の手紙
②あいさつ・お見舞いの手紙
③様子を知らせる手紙
また、手紙の読み取り方は、次の手順で行うとよいでしょう。
①手紙の差出人（書き手）はだれか、受取人（読み手）はだれかを確認する。
②書き手と読み手との関係を読み取る。
③書き手は、どんな目的で書いたのか、手紙の目的をとらえる。
④手紙文の組み立ての順序「前文、本文、末文」にしたがって読む。特に、本文のところは念を入れて読み、用件を読み落とさないことが大切である。
⑤書き手の気持ちがよく表れているところを味わう。特にその人らしい表現に注意し、書き手の人間像を思い浮かべる。
⑥自分がこの手紙をもらったらどう思うだろうか、どうするだろうかを考える。

19 せいかつ文

標準クラス 84～85ページ

1 (1)おとうさん
(2)かきの　木に　のぼって　もいだ。
(3)きのう　(4)えんがわ
(5)おとなりへも　かきを　あげた。

2 (1)おとうさん
(2)(れい)大《おお》ぜいの　人が　花火を　見に　きて　いたから。
(3)川の　そば

(4)花火が　上がった　こと。

3 (1)おきゃくさんごっこ
(2)けんた・あやか・あすか
(3)あすかさん

指導のポイント

1 「だれが、いつ、何を、どうしたか」ということを、一つ一つふまえて読む習慣をつけましょう。

2 (4)実際に花火が打ち上がったところを見た経験や、テレビなどで見た経験を思い出し、「きくの　花が　空　いっぱいに　ひろが」った様子をイメージするようにしましょう。

3 (3)「ふたりは　あすかさんの　ところへおきゃくに」という記述から、けんたさんとあやかさんをお客として迎えたのは、あすかさんとなります。

ハイクラス

86～87ページ

1 (1)きのう
(2)おきゃくさんごっこ
(3)おきゃくさん
(4)まさしさんが、おとなの　人のように　はなすから。
(5)(れい)おきゃくさんを　むかえる人。

2 (1)おりがみで、ふねを　つくり、ふねを　小川に　ながして　あそんだ。
(2)ひろとさん・ちひろさん・かずやちゃん
(3)①ひろとさん　②ちひろさん

(4)①きしの　草に　あたったから。
②かえるが　とびついたから。

指導のポイント

1 (4)「…ので、～ました」という表現に着目し、さおりさんがなぜ笑ったのか読み取りましょう。

2 (4)岸の草にあたったり、ある程度の重さのあるかえるがとびついたりして遅れた二人の舟とは対照的に、かずやちゃんの舟はほとんど重さのないちょうちょを乗せて、どんどん進んでいった様子をイメージしましょう。

アドバイス

生活文(くらしの文)とは、くらしの中で起こったできごとや仲間（家族・友達・先生など）について、感じたこと・考えたことを書いた文章です。

生活文の読み方は、次のような手順で行うとよいでしょう。

①話題の中心をつかむ。
②文章の組み立てを調べる。
　どんな事柄がどのような順序で書かれているかを読み取ることが大切である。段落にそって、書かれている事柄の要点をつかんでいく。
③表現のうまさを味わう。
　会話の生かし方、動作のとらえ方、言いまわしの工夫などを理解する。
④筆者のうったえたいこと、言いたいことは何かをつかむ。
⑤筆者の感じ方や考え方について自分なりの意見をもつ。
⑥筆者と似たような経験がないかをふり返って考える。

20 はなしあいの 文

88～89ページ

標準クラス

1 (1)たい・たこ
(2)いわの　そば
(3)④・⑥
(4)たこの　足を　きりぬく　こと。

2 (1)先生［と］よう子さん
(2)よう子さん［と］あおいさん
(3)きのう、学校から　かえってから。
(4)

どこで	どんな　おちば
こうえんの　入り口	もみじ
いけの　そば	いちょう

指導のポイント

1 (4)工作の水族館の作り手が、作る際の工夫や、苦心したところなどを語っている部分を、しっかり読み取りましょう。

2 先生の質問に対する、よう子さんの答えの中から「いつ、どこで、だれと、何を、どうしたか」を読み取りましょう。

ハイクラス

90〜91ページ

1 (1)あきらさん［と］まおさん
(2)(あきらさんの) おじさんの うち (から)
(3)イ (4)ウ (5)四十日 (6)ア (7)イ

指導のポイント

1 (1)「ゆきこちゃん」が、うさぎの名前であることを、しっかりおさえておきましょう。
(4)イ、ウがそれぞれだれのことばかを、おさえておきましょう。

アドバイス

話し合いの文を読み取る際は、次のような点に注意しましょう。
①話の中心となる話題を、しっかり把握する。
②話している相手や人数、場所などを正確につかみ取る。
③こそあどことばなどの指示語が指す内容や、出てきた数字などを、はっきり理解して読み取る。
④尋ねたり答えたりしている時のことばづかいから、人間関係を正しく読み取る。

チャレンジテスト⑥

92〜93ページ

1 (1)土よう日 (2)おかあさん (3)本町
(4)赤い はたや きいろい はたや クリスマスの かざり。
(5)青い けいとの 手ぶくろ

2 (1)イ
(2)①ひろきさん ②ななさん ③はるとさん
(3)じんじゃの 林の 中

指導のポイント

1 (4)赤い旗と黄色い旗のほかに、クリスマスの飾りも飾ってあったことを読み落とさないよう注意しましょう。
2 (1)書かれているのは「山のぼり」の様子です。その中で、はるとさんがどんぐりを見つけたのです。

文しょうを かく 21 手がみを かく

標準クラス

94ページ

1 (1)ゆみ(から) おじいちゃんとおばあちゃん(に)
(2)①(れい) おとうさんに じてんしゃの うしろを もって もらって、じてんしゃに のる れんしゅうを しました。など
②(れい) 一人でも じてんしゃに のれるように なりました。など

指導のポイント

1 (2)まず絵を見て「どうやって練習をして」「どうなったか」をことばにしてみましょう。それから、「はじめの うちは」「でも ついに」に続くような手紙の文の形にして書きましょう。

ハイクラス

95ページ

1 (1)たける(から) 一ねん二くみの みなさん(に)
(2)①みんなで イスとりゲームを したり、うたを うたったり した こと。
②みんなから メッセージカードを もらった こと。
(3)(れい) みんなの ことは ぜったいに わすれません。ありがとう ございました。など

指導のポイント

1 (3)手紙の文章は「です・ます」なので、最後の文もそれに合わせましょう。また、みんなにお別れ会を開催してもらってうれしかったと書かれているので、感謝の気持ちを最後に必ず書くようにしましょう。

22 じぶんの ことを しょうかいする

標準クラス

96ページ

1 (1)(あ)メロン (い)さかあがり
(2)あまくて みずみずしくて おいしいから。
(3)なんども れんしゅうしたから。
(4)(れい) どうぞ よろしく おねがいします。など

指導のポイント

1 (4)新学期などではじめて会う人に向けて、

どんなことを話すか想像しましょう。「よろしく　おねがいします。」の前に「なかよくして　ください。」などのことばをつけてもいいでしょう。

ハイクラス　97ページ

1 (1)あ(れい)　ゆきこ
い(れい)　ゆっこ
う(れい)　おにごっこ
え(れい)　ドキドキしながら　にげるのがたのしいからです
お(れい)　ピンクいろの　ペンケースです
か(れい)　だいすきな　おばあちゃんからのプレゼントで、とても　かわいい　うさぎが　かかれて　いるからです
き(れい)　なわとび
く(れい)　うしろとびが　れんぞくで　五十かい　いじょう　とべる

指導のポイント

1 (1)え「なぜなら」に続くので、文末を、理由を答える形の「〜からです」にしましょう。
か　自分の「たからもの」が、なぜ大切なのか、他の人に理由がはっきりと伝わるように書きましょう。
く「がんばっていること」なので、目標としていることを書きましょう。

23 みちじゅんを　せつめいする

標準クラス　98ページ

1 (1)いえ(から)　小学校(まで)
(2)イ
(3)(れい)　一つめの　かどを　左に　まがり

指導のポイント

1 (3)相手に正しく伝わるように、角が「一つめ」であることと、「左」の方向に曲がることを必ず書きましょう。交差点に「パンや」という目じるしがあることを利用して「パンやのあるこうさてんを左にまがり」と説明してもよいでしょう。

ハイクラス　99ページ

1 (1)(れい)　一つめの　かどを　右に　まがります。そのまま　まっすぐ　あるき、くつやの　まえを　とおりすぎると、つきあたりに花やが　あります。花やを　出て　右にまっすぐ　あるくと、(つきあたって　左がわに)　びょういんが　見えます。

指導のポイント

1 (1)相手にわかりやすく伝えることを心がけましょう。「そのまま　まっすぐ　あるき」という部分は、それだけでもわかりますが、「くつやの　まえを　とおりすぎると」をつけ加えることで、歩いている人がよりわかりやすくなります。花やから出たとき、病院は右手の方向にあることにも注意が必要です。目的地まで自分が歩いていると想像して、説明を考えましょう。

チャレンジテスト⑦　100〜101ページ

1 (1)(れい)　まっすぐ　いくと、みちが　二つに　わかれて　います。左の　みちをまっすぐ　いって、こうえんの　中をとおって、かいだんを　あがります。そのまままっすぐ　いくと、左手に　えきが　見えます。
(2)(れい)　まっすぐ　いくと、みちが　二つにわかれて　います。右の　みちを　まっすぐ　いって、二つめの　かどを　左に　まがります。その　ほどうが　ある　みちをまっすぐ　いくと、つきあたりに　えきがあります。
(3)ア・イ

指導のポイント

1 (1)中学生は急いでいるので、一番近い道を説明しましょう。「はしって　きた」ことから、かなり急いでいることがわかります。
(2)ベビーカーを押しているので、階段のある道は通れません。また、「あんぜんな　みちが　いいです。」と言っていることからも、必ず歩道があるほうの道を教えましょう。
(3)自分以外の人に説明する場合は、常に相

手の立場に立って考えることが大切です。相手にどう説明すればわかりやすいかを考えなければなりません。知らないことを聞かれた場合は、正直に「わかりません」と言うべきなので、ウはあてはまりません。

そうしあげテスト

102～104ページ

1 (1)こしを　ぬかして　しまった。
(2)小さな　目が　三つ　あり、大きな　お口が　ついて　いた。
(3)こわい　どころか、かわいいと　おもった。
(4)ア

2 (1)しゅじんこうが　ともだちと　けんかを　して、なかなおりを　する　ものがたり。
(2)ウ
(3)じぶん(の)、かんがえたり　かんじたり

3 (1)ア
(2)

指導のポイント

1 (2)みっちゃんのことばの中に、具体的におばけの顔の特徴が書かれています。
(4)みっちゃんがおばけに愛着を持っていることは、みっちゃんのことばからわかります。したがって、イ・ウのようにおばけに対して冷たい行動はとらないとわかります。

2 (1)「たとえば」という接続詞がある文に着目しましょう。
(2)物語を読むことによって、読者は疑似体験をすることができます。実際に体験する前に「れんしゅう」できることが、読書のメリットと書かれています。
(3)物語を読むことのプラス面を第二段落、第三段落で述べ、第四段落で「だから」とまとめています。疑似体験をして「かんがえたり　かんじたり」できることが、物語のメリットだとして、読書を勧めています。

3 (1)この詩は、月の満ち欠けを擬人法でよんでいます。実際の月の様子を答えましょう。
(2)「おなか　ぺこぺこ」なので、空腹に見えるように月の片側はへこんでいなければなりません。